2023 | 黑龙江省社会科学学术著作出版资助项目

中东铁路遗产廊道全域旅游格局构建

唐岳兴　张陆琛　王　雪 / 著

哈尔滨工业大学出版社

内 容 简 介

中东铁路是沙俄于1898—1903年在我国东北地区修建的铁路,被视为典型的遗产廊道,沿线拥有丰富的俄式和日式建筑遗产。然而,由于城市用地更新和历史保护之间的矛盾突出,众多遗产面临消失的危险。本书从全域旅游视角系统认知和解构中东铁路遗产廊道,构建旅游空间格局,以解决发展不均衡、遗产保护不善等问题。本书提出了整体遗产廊道层次、遗产廊道区段层次和城镇层次的研究方法,创新性描述了全域旅游视角下遗产廊道旅游空间格局构建的理论框架和竞合发展格局,以期为中东铁路遗产廊道的保护和利用提供新思路。

本书主要面向遗产廊道保护与利用研究方向的相关学者,并可供全域旅游方向的相关学者参考。同时,期望本书的研究成果可以促进中东铁路遗产廊道的综合保护。本书还面向大众,用以科普与传播中东铁路遗产廊道相关知识。

图书在版编目(CIP)数据

中东铁路遗产廊道全域旅游格局构建/唐岳兴,张陆琛,王雪著. —哈尔滨:哈尔滨工业大学出版社,2024.9

ISBN 978-7-5767-1201-8

Ⅰ.①中… Ⅱ.①唐… ②张… ③王… Ⅲ.①铁路沿线-廊道-文化遗产-旅游资源开发-研究-东北地区 Ⅳ.①F592.73

中国国家版本馆CIP数据核字(2024)第028346号

中东铁路遗产廊道全域旅游格局构建
ZHONGDONG TIELU YICHAN LANGDAO QUANYU LÜYOU GEJU GOUJIAN

策划编辑	王桂芝
责任编辑	马 媛
出版发行	哈尔滨工业大学出版社
社　　址	哈尔滨市南岗区复华四道街10号 邮编150006
传　　真	0451-86414749
网　　址	http://hitpress.hit.edu.cn
印　　刷	哈尔滨博奇印刷有限公司
开　　本	720 mm×1 000 mm 1/16 印张11.25 字数226千字
版　　次	2024年9月第1版 2024年9月第1次印刷
书　　号	ISBN 978-7-5767-1201-8
定　　价	88.00元

(如因印装质量问题影响阅读,我社负责调换)

前　言

中东铁路是沙俄于1898—1903年在我国东北地区修建的一条全长约2 426 km的铁路,包括哈尔滨分别至绥芬河、满洲里和旅顺的3段铁路,相关学者将其统称为"中东铁路"。中东铁路沿线俄式、日式建筑遗产资源类型丰富、数量众多,是一条典型的遗产廊道。在当下全国范围内大力倡导全域旅游的背景下,具有多重价值的中东铁路遗产无疑是重要的旅游资源,从社会和经济等层面为东北老工业基地的振兴带来了契机。然而,城市用地更新和历史遗产保护之间的矛盾突出,致使许多中东铁路遗产未得到及时、有效的保护,许多珍贵的建筑遗产正在急速消失。与此同时,由于缺乏合理、有效的整体管控,由遗产集合及周边资源构成的中东铁路遗产廊道的景观破碎化问题日益严重,其文化、社会、生态、经济等各方面效能无法有效发挥。

本书立足于全域旅游视角,通过对中东铁路遗产廊道进行系统的认知和解构,并从整体空间组织着手,尝试构建中东铁路遗产廊道的旅游空间格局,综合解决中东铁路遗产廊道区域旅游业发展滞后、旅游发展不均衡、遗产保护不利等问题。本书主要涵盖以下内容:全域旅游视角下遗产廊道空间格局构建的结构框架;中东铁路遗产廊道历史和现状的分析;中东铁路遗产廊道分层解构研究;通过分析各层次之间、各层次内部要素之间的相互关系,进而提出系统构建各层次遗产廊道旅游空间格局的科学方法及技术路线,并通过典型案例进行实证检验。

本书的技术路线是以遗产廊道的研究体系为基础,结合文化地理学、系统论和空间格局相关理论,通过对中东铁路遗产廊道的资源特征与发展现状的整理分析,明确从全域旅游视角探讨中东铁路遗产廊道空间格局构建的必要性,并提出全域旅游视角下遗产廊道空间格局构建的结构框架。根据遗产廊道的分层结构特征,明确全域旅游视角下遗产廊道的空间格局可从整体遗产廊道、区段、城镇3个层次进行构建,并对各个层次进行空间格局构建的目标和价值分析,同时,建立评价体系;分别利用竞合理论、点轴开发理论和游憩地理学理论,结合层次分析法、蚁群算法和最小累积阻力(minimum cumulative resistance,MCR)模型,以3S技术[遥感技术(remote sensing,RS)、地理信息系统(geography information systems,GIS)、全球定位系统(global positioning systems,GPS)的统称]和Python软件为平台,对各层次评价指标的相关数据进行整理及分析,考虑各个层次之间的相互控制和支撑关系,完成遗产廊道系统层次化空间格局的构建。

本书分析的遗产廊道的空间格局的3个层次对应的具体研究方法为：第一，整体遗产廊道层次，根据地理空间结构和文化传播主体的变化，将整个中东铁路遗产廊道划分为4个区段，每个区段自成体系，又相互合作、竞争。构建遗产廊道区段旅游价值评价体系，分析区段间各类指标的比较优势，运用层次分析法分析遗产廊道4个区段的资源和区位现状，提出遗产廊道区段竞合发展战略，为遗产廊道实现全域旅游发展提供宏观战略保障。第二，遗产廊道区段层次，根据区段内各城镇拥有的相关遗产和周边旅游资源情况，对区段内的城镇节点进行筛选，运用定量分析方法从资源数量对比、类型丰富度、平均品质、空间聚集度、城镇区位和城镇通达性6个方面分析沿线城镇遗产旅游开发的潜力，根据评价结果，以筛选出的城镇作为发展格局中的"点"，以中东铁路各段为"轴"，构建遗产廊道区段内城镇间的点轴模式旅游发展空间格局，对区段内各城镇进行分阶段、分层次开发，逐步推进整个区段的旅游发展，并以滨绥段为例进行区段点轴发展格局构建的实证研究。第三，遗产廊道城镇层次，立足于城镇文脉保护视角，基于游憩地理学理论，以 ArcGIS 操作平台为工具，在文献梳理和现状调查的基础上对遗产资源进行筛选和主题分类，将道路的类型、距离和坡度作为评价网络路径构建适宜性的影响因子，通过最小累积阻力模型计算得到综合阻力较小的道路作为网络路径，并结合道路环境和游憩需求划分步行与车行路径。同时，通过增加景观缓冲节点和服务节点对网络进行优化，并以哈尔滨为例进行中东铁路城镇遗产游憩网络空间格局构建的实证研究。

本书已入选2023年度黑龙江省社会科学学术著作出版资助项目（重点资助），主要创新成果包括：提出了全域旅游视角下中东铁路遗产廊道旅游空间格局构建的理论框架；构建了全域旅游视角下中东铁路遗产廊道竞合发展格局；提出了中东铁路遗产廊道区段旅游发展和城镇遗产游憩网络格局构建方法。

本书的理论与实践意义：在理论层面上通过引入全域旅游概念，丰富了遗产廊道的理论体系，并通过二者的耦合为区域尺度的遗产保护工作提供了新的思路；在实践层面上通过构建遗产廊道旅游空间格局，对中东铁路遗产廊道进行整体的保护与利用，保护区域城市文脉和景观特色，促进中东铁路遗产廊道旅游发展。

限于作者水平，书中难免有疏漏之处，敬请专家、读者提出宝贵意见。

作　者

2023年7月

目 录

第1章 绪 论 ·· 1
  1.1 研究背景 ·· 1
  1.2 研究目的与意义 ·· 4
  1.3 国内外研究综述 ·· 7
  1.4 研究内容与方法 ··· 22

第2章 研究基础 ·· 28
  2.1 相关概念界定 ··· 29
  2.2 研究视角界定 ··· 32
  2.3 遗产廊道空间格局构建理论与方法 ··· 41
  2.4 遗产廊道空间格局构建的结构框架 ··· 52

第3章 中东铁路遗产廊道历史与现状分析 ·· 60
  3.1 中东铁路遗产廊道的历史语境 ··· 60
  3.2 中东铁路遗产廊道旅游资源类型 ··· 69
  3.3 中东铁路遗产廊道旅游发展现状分析 ······································· 77

第4章 中东铁路遗产廊道竞合发展格局构建 ·· 85
  4.1 遗产廊道竞合发展格局构建基础 ··· 86
  4.2 遗产廊道各区段旅游发展评价 ··· 93
  4.3 遗产廊道旅游竞合发展格局构建策略 ······································ 103

第5章 中东铁路遗产廊道区段旅游点轴空间格局构建 ································· 109
  5.1 区段旅游点轴空间格局构建基础 ·· 110
  5.2 区段旅游点轴空间格局构建方法 ·· 115
  5.3 区段旅游点轴空间格局构建实证 ·· 123

第6章 中东铁路遗产廊道城镇遗产游憩网络空间格局构建 ····························· 132
  6.1 城镇遗产游憩网络空间格局构建基础 ······································ 132
  6.2 城镇遗产游憩网络空间格局构建方法 ······································ 138
  6.3 城镇遗产游憩网络空间格局构建实证 ······································ 148

结 语 ·· 156

附录1 中东铁路遗产廊道车站统计表 ·· 158

附录2 中东铁路遗产廊道资源登记表 ·· 166

参考文献 ·· 168

第1章 绪 论

1.1 研究背景

1.1.1 全域旅游发展理念的时代背景

联合国世界旅游组织2024年9月发布的《世界旅游业晴雨表》指出,2023年国际旅游业的出口收入达到1.8万亿美元,全球旅游业直接国内生产总值3.4万亿美元,占全球国内生产总值的3%。2024年1月至7月,国际游客约为7.9亿人次,同比2023年增长约11%。旅游业是重要产业,世界各国都在强化旅游对经济发展的促进作用,希望增强本国旅游业在全球范围内的竞争力。近些年来,人们的旅游方式变化很大,旅游目的地的选择、游览方式、评价标准等都发生了很大变化。

旅游已成为人们休闲生活的重要组成部分,是当代人们享受生活的重要方式。自驾、高铁、飞机等现代交通方式的迅速普及,以及现代信息技术的高速发展,推动着旅游方式的快速变革。在选择出游方式上,很多人不再需要旅行社安排路线和游览方式,更多情况是自己决定去哪儿游、游什么、怎么出行、住哪里、吃什么、买什么。一个区域的旅游产品质量和游客口碑,不单单取决于景区、酒店、旅行社等旅游行业的服务质量,区域综合环境也是重要影响因素。原国家旅游局(现文化和旅游部)先后公布了2批国家全域旅游示范区创建名单:首批创建名录于2016年2月公布,共计创建国家全域旅游示范区262个;第二批于2016年11月公布,共计238个。其中有19个国家全域旅游示范区位于中东铁路沿线。

全域旅游发展理念包括"全要素、全时空、全过程、全方位、全民、全产业"6个方面的内涵,全域旅游与传统旅游的区别在于发展模式的转变,突破传统的景点旅游模式,注重打造区域整体旅游环境,构建旅游业与相关产业深度融合的新发展格局。现代旅游业具有明显的全域旅游特征。例如,法国的都市旅游、乡村旅游一体化发展突出体现了全域旅游发展理念。20世纪70年代中期,法国乡村成为旅游的热点。法国的乡村旅游通过以下4个方面体现了全域旅游的特征:一是全民共建旅游产品。农民在耕种之余可以通过接待游客来增加收入,乡村旅游模式开始兴起。二是旅游相关基础设施建设覆盖全域。法国政府长期致力于乡村基础设施建设,非常重视打造完善的服务设施,包括便捷的交通、完善的标识系统、完备的停车场设施,快速列车能到达重要的村庄,医院、图书馆、超市等公共服务设施齐全。三是将区域整体作为特色旅游产品,具有较强的独特性与原真性。法国强调乡村景观和生态环境的保护,注重乡村地域文化的传承和保护,包括乡村的建筑特色、民风民俗、邻里社交方式、生产生活习惯等的保护,这既打造了区别于城市的乡村景观特征,也成为其乡村旅游发展的根基。四是各部门协调管理。法国乡村旅游发展一直由政府财政投入和扶持,随着近年来乡村旅游行业社会管理组织的成立,逐步规范了行业自律行为,政府开始逐步弱化其管理职能,而注重加强监管,履行监督检查职责。

传统的旅游开发模式常导致旅游区和居住区的隔离,使得区域内居民未能在旅游发展中获得相应的福利,打击了居民维护区域旅游形象的积极性。全域旅游除了包括地理上的全地域概念之外,还包括旅游相关行业的全领域、区域范围内的全民旅游概念,以实现全地域处处是旅游风景,人人共建旅游形象并参与旅游。全域旅游同时强调,地方旅游发展的目的不仅是服务游客、增加经济收入,更是通过旅游发展改善区域基础设施、带动相关行业发展、提高服务管理水平等,通过旅游产业全面拉动地方经济,提高本地居民的生活水平。全域旅游倡导模糊景区内外的边界,同时服务当地居民和外来游客,保护当地的自然生态和人文生态环境,景区与城镇环境融合发展将是未来旅游发展的主流形式。全域旅游就是要将区域作为整体的旅游目的地来进行开发建设,实现景区内外环境质量一体化,实现全民共建区域旅游形象,打造区域整体旅游环境。推进全域旅游发展要求我们改变景区、宾馆、饭店的历史旅游格局,优化全域整体景观环境,完善旅游相关的基础设施和公共服务体系。

1.1.2 中东铁路遗产廊道的价值与困境

1. 中东铁路的历史与自然价值

1876年,我国领土上出现了第一条营业性质的铁路,即由英商修建的吴淞铁路。1881年,在清政府洋务派的努力下,唐胥铁路作为我国自主修建的第一条货运铁路修筑完工。中东铁路始建于1898年,全长共计约2 426 km,由沙俄在我国东北地区直接修建并经营,占这一时期我国铁路总量的26%,占这一时期各国在我国直接修建、经营的铁路总量的65%。

《中俄密约》《中俄会订条约》《续订旅大租地条约》和《东省铁路公司续订合同》4项条约促成了中东铁路的修建。中东铁路整个工程以哈尔滨为中心,分东、西、南3线,6处同时相向施工(由哈尔滨向东、西、南,由旅顺、绥芬河、满洲里分别向哈尔滨)。中东铁路跨越我国东北地区四省,沿线自然地貌丰富,尤其是滨绥线、滨洲线沿线自然景观更为多样。有江河景观，包括松花江、牡丹江、穆棱河、绥芬河等；有森林景观，包括玉泉站往东的张广才岭、碾子山至牙克石一带广袤的大兴安岭森林区等；有湿地景观，包括哈尔滨和大庆地区的河溪、沼泽、草甸等；有草原景观，如满洲里至牙克石间的世界四大草原之一的呼伦贝尔大草原。这些与中东铁路线性遗产相邻的自然景观要素，既见证了中东铁路的发展，也是中东铁路的自然环境要素。

2. 中东铁路遗产廊道的遗产价值与困境

中东铁路沿线城镇内俄式、日式文化景观遗产类型丰富、数量众多。从1898年开始，随着中东铁路的修建和沿线城镇的发展，各类中东铁路相关建筑被修建，这些建筑根据不同的车站等级进行尺度、功能、类型的设计，包括铁路站舍、机车库、水塔、管理机关、俱乐部、学校、医院、工厂、商场等公共建筑，也包括大型联户住宅、成片区分布的小型花园住宅和造型独特的高级别墅等居住建筑。这些建筑的建筑形式、建筑格局完全不同于中原传统建筑和北方少数民族建筑，是一种以异域文化为显著特色的建筑遗产，很多建筑形式是中东铁路沿线区域独有的。中东铁路相关遗产符合《世界遗产公约》中对文化遗产突出的普遍价值的界定："包含对一种文化传统或依然存在或消失的文明的独一无二或至少是与众不同的证明"和"是代表一种文化（或几种文化）的传统人类住区或土地使用的杰出典范，当它在不可逆转的变迁影响下变得易受破坏时尤其如此"。中东铁路沿线区域内如此大规模的遗产资源是目前国内现存较少、原真性较强的重要遗产廊道，是研究我国东北地区的文化传播过程，以及铁路修建、发展、运营及管理的重要实物史料，具有较高的历史价值。

随着铁路运输技术的不断升级、城市格局的改变，昔日的中东铁路附属建筑及其工程设施逐渐被废弃，车站有的被取消，有的被重建、扩建；很多工区、职工住宅处于闲置状态或被卖给个人；蒸汽机时代的水塔也只能作为工业发展的历史见证。尽管近年来一部分历史建筑开始被列入遗产保护体系，但这部分建筑仅是中东铁路现存遗产很小的一部分。少数城市近年来才开始启动中东铁路遗产的普查认定和保护规划工作，而大部分城市，特别是铁路沿线大量的小城市，尚未将中东铁路相关遗产纳入遗产保护范畴，缺乏对遗产价值的系统认知。

综观国内外相关研究的发展趋势，相关部门、学者更注重保护数千年、数百年前祖先创造的历史遗存，而往往忽略了近百年的文化遗存，忽视了保护城市历史的延续性。很多中东铁路遗产的价值尚未得到广泛认可，缺乏有效保护。目前中东铁路的大部分普通遗产正面临着毁坏、遗弃和掠夺式开发等导致的严重威胁。中东铁路现存文化遗产具有重要的见证价值和使用价值，各地区的保护力度存在巨大差异，廊道整体受到严重威胁，廊道系统破坏严重。为保护中东铁路遗产廊道的真实性与完整性,急需提出整体、系统、科学的保护途径。

1.1.3 中东铁路遗产廊道的发展机遇

2016年4月,中共中央、国务院印发《关于全面振兴东北地区等老工业基地的若干意见》,东北地区迎来全面振兴的历史节点。以实现东北振兴为出发点,该如何进行中东铁路遗产廊道空间格局构建,促进区域旅游业发展,增加城镇吸引力,推动区域经济发展?

实现东北地区全面振兴和解决中东铁路遗产所面临的问题,涉及文化、经济和政策3个方面的核心要素。文化方面:深化区域文化特色,让更多人了解中东铁路文化,并主动加入对其保护的行列。经济方面:经济效益是保护、修缮遗产的动力源泉,而遗产的保护和利用又能促进区域经济的发展。政策方面:整体规划,明确权属,统一管理。旅游开发无疑是解决遗产廊道面临的问题和区域发展问题的重要手段。近些年来,中东铁路遗产廊道区域内的旅游发展,主要以开设景区、景点、宾馆、饭店为主,这种发展方式是典型的景点旅游模式。可是中东铁路遗产数量众多,分布在铁路沿线近2 500 km范围内,很多遗产或遗产区域并不具备单独开发旅游景点的潜力。

旅游业作为综合性经济产业,在区域发展中发挥着重要作用。如今已经进入以全民自驾游、个人游为主的全新旅游发展阶段,传统的以景点建设为主的景点旅游模式,已经无法适应现代大旅游的发展步伐。在以往的景点旅游模式下,景点、景区常常是封闭的,旅游发展与区域整体环境优化相割裂,有的甚至出现冲突,造成景区内、外环境质量差异巨大。

以往的旅游开发模式和遗产保护方式既不能满足中东铁路相关遗产的系统保护,也不能对遗产廊道资源进行高效利用。因此,急需寻找一种科学、系统的发展模式,实现遗产廊道资源的活态保护与高效利用,从而使遗产廊道在区域内发挥其应有的文化和经济价值,促进东北地区全面振兴。近几年在国内兴起的全域旅游发展理念恰恰满足遗产廊道保护和利用的需求,为东北地区全面振兴提供了解决问题的方法和机遇。在全域旅游视角下,以遗产保护为目的,进行中东铁路遗产廊道旅游空间格局构建,可以很好地解决中东铁路遗产面临的困境和遗产廊道区域可持续发展问题。

1.2 研究目的与意义

中东铁路相关建筑和相关技术,随着时间的发展不断更新,铁路管理权几经变更,蒸汽机时代的铁路技术已被淘汰,部分保存下来的铁路相关建筑物和构筑物已成为遗产,这些遗产是沿线城镇景观特色的重要组成部分,是这些城镇文脉的重要载体。城市更新的步伐永远不会停止,我们不可能让中东铁路遗产定格在过去、现在或将来的某一时刻,应该思考的是如何在中东铁路遗产保护与利用的过程中,深化沿线城市的文脉和景观特征。

1.2.1 研究目的

1. 廓清中东铁路遗产廊道全域旅游背景

全域旅游与遗产廊道发展理念高度契合。在中东铁路遗产廊道内推进全域旅游,是解决区域发展问题的有效途径。通过对遗产廊道的历史演进、资源现状和空间结构进行分析,以旅游业为主导,融合旅游附属产业及相关行业,促进区域旅游一体化发展。整合区域遗产资源、自然资源、游客资源、居民资源、政府资源、企业资源,在区域整体空间范围内,提升区域文化、环境和景观的整体质量,打破原来封闭的景点、景区范围,平衡各季节旅游发展的巨大差异,将公共服务和旅游基础设施推广到全域范围。以旅游管理全域化、旅游发展全时化、旅游造福全民、全民推进区域旅游发展为目标,从封闭的景点、景区模式发展为"旅游+"的开放模式,打造区域整体旅游形象,实现遗产廊道的资源高效整合、遗产保护性利用、区域多产业融合、旅游发展成果全民共享,以全域旅游带动地区经济发展,并提出遗产廊道全域旅游的系统框架,形成新的区域协调发展理念和模式。

2. 系统认知和解构中东铁路遗产廊道

人们对遗产的认知随着时间的推移而不断发展变化。随着文化和物质的发展,遗产的保护范围变得越来越广。对于遗产廊道,要用发展的观点、历史的观点对其加以认知。由于城市的更新、沿线居民的生产生活的影响,加上居民保护意识淡薄,中东铁路相关遗产正在急速消失,整体格局逐步恶化。在此背景下,本书从整体空间格局构建角度出发对中东铁路遗产廊道进行深入研究,以中东铁路遗产廊道系统认知和系统解构为目的,对中东铁路文化传播过程及其影响进行认识,具体包括以下3部分内容:第一,中东铁路文化传播是否影响遗产廊道及城镇空间格局?中东铁路文化传播如何影响遗产廊道及城镇空间格局?中东铁路文化传播对沿线城镇空间格局的影响规律如何?第二,中东铁路遗产廊道旅游资源的特征分析。第三,中东铁路遗产廊道格局的现状分析。通过对中东铁路遗产廊道的系统认知,实现遗产廊道的合理解构,从而将复杂的中东铁路整体分解成一系列相对简单的子系统来进行空间格局构建。

3. 提出遗产廊道旅游空间格局构建策略

通过对中东铁路相关遗产资源的调查、登录和研究,明确中东铁路相关遗产概况,划分中东铁路遗产廊道空间层级。通过对中东铁路遗产廊道各层级旅游发展现状的分析,了解遗产廊道旅游所面临的本质问题,提出遗产廊道各层次空间格局构建的评价指标体系,进行分层次的空间格局构建研究,以期实现以下研究目的:提出全域旅游视角下的中东铁路遗产廊道空间格局构建的技术路线;保护并利用沿线城镇无法被替代的中东铁路遗产景观特色;维持城镇景观的多样性和稳定性;指导遗产廊道系统各层次空间格局构建的实证研究。

1.2.2 研究意义

1. 理论意义

本书是对全域旅游与遗产廊道相结合研究的理论贡献。我国旅游消费已进入休闲时代和度假时代。全域旅游是一种新的旅游发展理念和格局,它改变了过去分散、不系统的旅游发展局面。全域旅游视角借鉴空间经济学中的"点-轴-域面"模式进行时空演进的研究,强调从整体上系统把握区域旅游发展。本书将在全域旅游视角下提出遗产廊道空间格局构建的研究框架,以及构建的具体工具、方法和策略。针对遗产廊道构建全域旅游发展空间格局具有保护文化遗产和振兴区域经济的双重意义,可全面保护遗产资源、发挥遗产廊道资源的系统价值、改善城市环境、促进区域经济发展和保护城市文化景观特色等,解决当前很多遗产廊道面临的主要问题,对大型线性文化遗产区域的保护与利用研究具有参考价值。

2. 实践意义

本书是对中东铁路遗产廊道保护与旅游发展研究的贡献。中东铁路的修建影响了沿线区域文化的构成、经济的发展和科技的进步。通过研究,本书希望能够充分展示中东铁路遗产廊道的文化内涵,挖掘中东铁路相关遗产的价值潜力,促进东北地区经济发展,实现地方经济发展和遗产保护共赢。一些中东铁路沿线城镇还保存着建设初期的原始布局,其是城市规划布局与异域建筑风格特征相结合的典型案例。在全域旅游视角下,对中东铁路遗产廊道进行有效保护、合理开发与利用,既能重现区域的历史文脉、强化区域的文化景观特色,又可提升中东铁路遗产廊道的文化底蕴和知名度。

在此背景下从整体空间格局构建角度对中东铁路遗产廊道进行深入研究,提出科学、系统的保护与利用策略,具有重要意义。对中东铁路遗产廊道空间格局的构建,要明确遗产廊道系统各层次间的关系,要了解廊道系统各层次的价值和面临的主要问题,为遗产廊道空间格局构建提供科学依据。在全域旅游视角下,通过中东铁路遗产廊道空间格局的构建,可有效整合与中东铁路功能、历史和空间相关的景观资源,结合全域旅游的其他系统要素,发挥遗产廊道整体的景观功能价值,以促进东北地区的全面振兴,使中东铁路遗产廊道成为东北地区全面振兴和城镇经济发展的有效驱动力。

1.3 国内外研究综述

本书研究涉及"全域旅游""遗产廊道""空间格局"和"中东铁路"4个方面的内容,即研究的视角、范畴、内容和对象,这4个方面构成了整体的研究系统。下面将对国内外有关这4个方面的研究现状进行系统梳理,以期为本书研究搭建一个系统的研究平台和理论框架。具体的综述内容包括国内外研究发展的历史脉络、主要研究方向及成果、未来发展趋势等,最终实现对相关研究的现状、价值和方法的全面、深入的了解。

1.3.1 国外研究综述

1. 全域旅游相关研究

18世纪40年代末,西方资本主义国家的经济因第一次工业革命而得到了快速发展。随着经济的大幅改善,旅游业也开始发展起来。20世纪,西方国家的经济发展和城镇环境达到较高水平,刺激了大量的国外居民入境旅游。国外学者并未明确提出全域旅游的概念,但其旅游发展理念在很多方面与全域旅游有很高的契合度。西方的旅游发展理念体现了全域旅游的内涵,对旅游发展问题的研究历史久远且持续时间较长。下面对体现全域旅游内涵的相关国外研究进行综述。

W. Christaller(1964)运用空间格局理论和区位理论,分析了游憩活动、地理空间格局和资源竞合三者之间的关系。A. J. Haahti(1986)指出游客对旅游目的地的认知是多方面的,包括对目的地多种旅游产品属性的认知。S. Smith(1989)应用概率旅游模型和引力模型,统计了加拿大各省区之间的客流量,分析了区域旅游资源之间的竞争与合作关系。T. B. Jamal和D. Getz(1995)等学者在分析了区域旅游合作的理论框架后,强调旅游合作协调机制和动态持续的重要性。G. I. Crouch和J. R. B. Ritchie(1999)的 *Tourism, competitiveness, and societal Prosperity*(《旅游、竞争力和社会的繁荣》)[①]一文,在哈佛商学院的迈克尔·波特教授的波特菱形理论的基础上,通过增加核心资源、支持性资源、决定性因素和目的地管理4个方面的要素,进行了旅游目的地影响因素的竞合模型构建。L. M. Araujo和B. Bramwell(2002)认为区域旅游合作的动力是通过整合资源、制定相关政策并顺利实施,使得各合作主体都能获取更大的竞争优势,在

---

① CROUCH G I, RITCHIE J R B. Tourism, competitiveness, and societal prosperity[J]. Journal of Business Research,1999,44:137-152.

区域旅游合作中将不同尺度的合作主体加入区域旅游发展体系,建立区域旅游合作发展模式。T. Huybers 和 J. Bennett(2003)认为区域旅游合作主体之间因利益划分而相互竞争,又为获得最大化利益而相互依赖与合作。Jiang Hou 等(2018)将地理信息系统技术应用于旅游评价,探索山区全域旅游发展的途径,提出通过文化创意丰富文化旅游产品、通过空间优化保障区域协调发展、尊重气候的时空特征和自然规律等全域旅游发展建议。

国外区域旅游竞合发展的相关研究与全域旅游理念的契合度较高,区域旅游合作的相关研究在全民、全要素、全时空、全过程、全产业、全部门等方面都有所涉猎。在主客观条件的约束下,旅游者常选择资源禀赋较好的旅游景点,所以区域旅游合作最初的研究焦点是旅游资源禀赋。随着旅游市场竞争的加剧,区域合作需求不断增加,相关研究涉及的内容也越来越广泛,包括旅游目的地、旅游客源地、旅游产品和游客出行方式等方面,这些要素都是旅游竞合系统主要研究的问题。R. E. Freeman(1984)在 *Strategic management: a stakeholder approach*(《战略管理:利益相关者方法》)①一书中明确提出利益相关者是实现区域共赢目标的重要因素,这是区域旅游合作研究中首次引入利益相关者理论。相关学者在这一理论的基础上又研究了区域旅游合作中利益相关者理论应用的程序和方法。20 世纪 70 年代以后,区域旅游相关研究快速发展,相关学者开始关注旅游目的地与游客之间的社会文化背景差异和旅游目的地的环境容量等方面的问题。20 世纪 90 年代初,相关学者开始从理论和实践两个方面研究区域旅游合作关系,阐述了合作的动机、行为及限制因素。国外学者认为区域旅游合作有资源之间的、有旅游企业之间的合作,也有管理部门之间的合作。

2. 遗产廊道相关研究

(1)遗产廊道研究的理论基础。

最初的城市规划角度的遗产保护研究始于简·雅各布斯和刘易斯·芒福德,他们的理论对遗产保护和老城更新等领域的影响较为深远。凯文·林奇的城市意象理论和柯林·罗的拼贴城市理论从遗产与城市的关系着眼,重视城市的可识别性和层积性,反对大拆大建,提倡在规划建设城市时应注重文脉的保护和延续,在传统与历史文化中筛选代表性主题或元素,并重新进行组合。阿尔多·罗西主张叠加曾经的痕迹来形成时间轴上的拼贴,并且强调文脉的延续应从传统和文化的角度出发。黑川纪章提出了共生城市理论,强调应将新技术、新材料用于老建筑的外表,或者提炼传统符号融入新建筑之中,从而使城市中的各

---

① FREEMAN R E. Strategic management: a stakeholder approach [M]. Cambridge: Cambridge University Press,1984.

种要素达到新老融合的效果,由此实现城市的新陈代谢。C. Wissler 在其 1923 年出版的 Man and Culture(《人与文化》)①中阐述了文化具有群体属性而非个体属性,因此文化间的差异主要体现在不同群体之间的界限上。Wissler 认为文化是由不同层次单元构成的一套结构,其基本单元是"文化特质",依次向上的层次是"文化综合体""文化型"和"文化区",而位于最高层次的是"文化中心"。这些研究为本书提供了指导思想和理论基础。

(2)遗产廊道保护相关公约的发展脉络。

在国际范围内遗产保护相关研究的对象类型和研究范围正逐步拓展,遗产廊道保护的系统研究方法已逐渐形成。对相关国际会议的公约、宪章的研究,为本书揭示了遗产廊道保护的国际研究趋势(表 1.1)。

表 1.1 遗产廊道保护相关国际会议的公约、宪章

时间	地点	组织/会议	名称	与本书相关的主要内容
1943 年	法国	法国政府	《纪念物周边环境法》	对建筑进行等级划分或登录保护之后,针对该建筑周边半径 500 m 范围内的保护规定也会即刻生效,这个范围内的建设会受到一定的约束和限制;这是一种保护优先的基本准则,严格控制文物建筑的周边环境
1962 年	法国	法国政府	《马尔罗法》	首次提出历史保护区的划定问题;这一法规着眼于建筑与环境同时保护的方式,对历史遗产进行保护与利用,强调保护区的保护与利用,以多种方式使保护区更具活力
1964 年	威尼斯	第二届历史古迹建筑师及技师国际会议	《保护文物建筑及历史地段的国际宪章》(简称《威尼斯宪章》)	将文物古迹的定义进行了拓展,从以往的单个建筑物,延伸到包括特殊文化的载体、对区域发展具有一定意义或者蕴藏文脉背景的城乡环境;强调古迹保护包括古迹周围的环境,文物与历史、环境不能割裂开来,应该对历史与环境一并进行保护
1972 年	巴黎	联合国教科文组织大会	《保护世界文化和自然遗产公约》	针对世界范围内的文化和自然遗产的保护工作始于该公约,此外,该公约也为全世界在文化遗产和文化多样性方面达成基本共识做出了贡献

① WISSLER C. Man and culture[M]. London:George G. Harrap & Co. LTD,1923.

续表1.1

时间	地点	组织/会议	名称	与本书相关的主要内容
1976年	内罗毕	联合国教科文组织大会	《关于历史地区的保护及其当代作用的建议》（简称《内罗毕建议》）	强调历史地段的保护应该包括史前遗址、历史城镇、老城区等各类古迹群在内的广泛内容；保护引申为保存、鉴定、修缮、防护、再生；保护包括对历史环境的维护，以及地区活力的重新获取
1981年	佛罗伦萨	国际古迹遗址理事会与国际历史园林委员会	《佛罗伦萨宪章》	历史园林保护包括对建筑的装饰构造及其周边地形的保护；植物的品种、色彩和高度配置；天空轮廓和水域等要素；为了保护历史园林的整体性，针对任何局部的维修和重建应该考虑其所有的构成特征
1987年	华盛顿	国际古迹遗址理事会	《华盛顿宪章》	保护包括城市、居住区在内的自然和人工环境、历史地区，其除了具有历史记忆功能之外，还可以展现城市传统文化的价值；街道格局、地形地段、空间格局都被列为历史地区所保护的内容；保护建筑物与开敞空间之间的空间关系；保护体量、形式、色彩及装饰等在内的古建筑的内、外形态表现，以及地段与周围环境的关系等
2003年	下塔吉尔	国际工业遗产保护联合会	《下塔吉尔宪章》	指出工业遗产属于文化遗产的范畴；在保护工业遗产的时候必须考虑其特殊性，重视机器设备、地下基础、构筑物等工业景观；应当发掘废弃工业区的生态价值和历史研究价值
2008年	魁北克	国际古迹遗址理事会	《文化线路宪章》	文化线路是由于人类长时间的生活活动而发展形成的，持续性的活动和迁徙为文化线路的形成提供了必要条件，交通线路作为一种重要的物质载体，是文化线路的重要组成部分，动态性成为文化线路典型的特征，交流是文化线路的本质特性；该宪章标志着文化线路正式成为世界遗产保护的新领域

(3)遗产廊道的相关研究。

美国最早提出遗产区域和遗产廊道概念。伊利诺伊和密歇根运河国家遗产廊道是1984年美国议会确立的第一条遗产廊道。之后跨国家或跨地区的遗产廊道开始进入人们的视野。1990年,美国通过立法成立了密西西比河廊道研究委员会,将密西西比河廊道确定为国家遗产廊道,系统保护其自然、文化和旅游资源。2005年,美国遗产廊道委员会正式立法。美国目前已拥有62个国家遗产廊道。本书研究的中东铁路遗产廊道是典型的大型线性文化遗产。遗产廊道有相对完善的系统研究方法,可以指导本书进行科学的研究。

I. Stephan(1997)以巴西米纳斯吉拉斯州马塔斯市的铁路廊道为例,认为铁路在地区发展中扮演过重要的角色,现在的车站遗产和站区附近的其他遗产,也能为提升区域的可识别性、认同感和经济活力提供益处,并且从历史认知、廊道构成、遗产保护、旅游开发、可识别性塑造等方面提出了规划方案。M. P. Conzen和B. M. Wulfestieg(2001)认为遗产廊道是回顾历史、复兴经济、促进娱乐和自然保护的区域性实体,并且以伊利诺伊和密歇根运河国家遗产廊道为例,对新型的公共治理方法和区域转型模式的优势和劣势进行了分析和评估,包括遗产、自然保护与区域经济发展复兴之间存在的矛盾,以及遗产廊道各方面的管理者在目标上存在的分歧等。R. D. Billington、N. Carter等(2008)以美国黑石河峡谷国家遗产廊道为例,从管理、开发、遗产和文化保护等方面阐释了可持续旅游开发原则在遗产廊道实践中的应用。D. Laven、C. Ventriss等(2010)在美国国家公园服务系统与其他组织合作共赢的背景下,对与合作伙伴的关系和国家遗产区快速发展的原因进行了研究,在理论分析的基础上,提出了程序评价的理论模型并进行了深入的解析,同时在应用层面对美国国家遗产区进行了评估。P. Metcalfe(2014)以澳大利亚西部为例,阐述了遗产保护与实践的价值,通过一个铁路车间,解析了文化遗产保护的方法与途径,强调通过社会可持续、工业建筑适应性再利用进行文化遗产保护实践的重要性。Li Hui等(2021)利用多维网络连通性分析方法,基于发生学理论,考虑了景观斑块的时间、空间、民族文化、海拔差异等因素,探讨了遗产廊道是如何通过多维网络连接起来的。

经历了100多年的发展,中东铁路的文化传播、技术交流、货物运输等功能逐渐衰弱,但是其文化遗产的景观价值在不断增强。中东铁路符合文化线路的概念和内涵,可借鉴文化线路的研究方法对中东铁路遗产廊道进行分析。E. Oikonomopoulou等(2017)针对希俄斯岛的自然与文化属性,以地理信息系统为决策支持工具,制订了保护文化遗产的综合战略计划,探讨了文化线路在保护农村地区文化遗产方面的作用。A. Lemmetyinen等(2021)从文化认同视角出发,探讨了文化路线如何支持一个地方的身份认同,同时讨论了单个地点的文化和形象如何在该文化线路中得到更好的保护与表达。

现在我们讨论的遗产廊道理论是中国化了的遗产廊道理论,其有两条理论源流,一是美国20世纪80年代的遗产廊道理论。美国的遗产廊道本身一般不是遗产,而是串联各遗产的线性空间,以景观生态学和城市规划学为理论基础,强调自然生态系统与经济价值的平衡,以及对辐射区内的遗产进行保护,但对文化挖掘较少。二是欧洲20世纪90年代出现的文化线路理论。欧洲的文化线路本身就是遗产,以历史学和社会学为理论基础,强调文化的交流和遗产的保护,但对线路自然环境基底考虑较少。本书将这两条理论源流进行优势互补,作为本书遗产廊道研究工作的基础。

3. 空间格局相关研究

美国哈佛大学R. T. T. Forman教授在1995年提出的斑块、廊道和基质模式是空间格局分析的有效途径。不同景观空间之间的辨别与解析,以及景观的空间结构都可以应用这种模式进行研究和分析,它是景观空间功能与动态研究的基础,目前景观空间格局指数分析的相关研究大部分集中在静态空间格局和动态空间格局两个方面。静态空间格局研究主要是运用丰富度、多样性指数、均匀度指数、优势度、斑块密度、破碎度等,分析同一时间内的景观空间格局,其目的是研究目标景观空间格局的特性及各类景观空间格局的差异;动态空间格局研究主要是运用景观指数研究空间格局的变化情况,揭示景观空间的发展状况及其影响。近几年来地理信息系统、遥感、数学模型和计算机技术得到广泛应用,在景观空间格局研究中发挥着关键作用。随着研究的深入,景观指数不断增多,包括景观空间格局的动态度量指标,而且分类体系也呈现出多样化的趋势。随之兴起的还有大量的辅助计算机软件,可以用其分析空间格局的相关指数,从而实现对空间格局的研究。

L. Willemen、P. H. Verburg等(2008)提出了一种方法论的框架,来反映和量化景观功能,通过以下3种不同的方法确定景观功能空间:基于文献的景观功能使用、区域的土地覆盖和评估空间使用的实证模型。他们应用该框架对荷兰的一个农村地区进行研究,提出该地区拥有8类景观功能空间,包括住宅、牲畜聚集地、饮水处、文化遗产、旅游区、动物的栖息地、耕地和休闲骑行空间。V. V. Eetvelde、M. Antrop(2009)应用景观指标来评价和描述景观的变化,在弗兰德斯,城市交通基础设施建设导致景观破碎化严重,景观多样性迅速降低,该研究通过不同历史时期的地形图和卫星影像图,依据一系列空间数据来描述景观过程及其特征,建立了一个地理信息系统,通过景观斑块指数来分析景观格局和演进特征。D. L. Rosa、F. Martinico(2013)提出景观保护规划是一个复杂的系统,它需要对景观进行综合评价和异质性分析,需要以大量的数据来描述景观特征,也需要合适的工具来评估景观的风险和危害,景观评价是制订景观保护规划的基础,景观的保护或恢复要对应景观的价值和风险,他们还介绍了用 GIS 对景观的危害、价值和风险等进行景观评价的方法,通过 GIS 对不同的专题图层进行叠加处理,从城市扩张、农业用地和水土流失 3 个方面对城市景观风险进行了评价,并对景观价值降低的风险进行评估,进而评估危害发生的可能性。T. Plieninger、S. Dijks、E. Oteros-Rozas 等(2013)强调文化生态系统的整体性,历史文化景观增强了景观多样性,他们提出通过保护生物多样性和文化遗产来保障景观多样性。R. C. Stoiculescu、A. E. Huzui、A. Gavrilidis 等(2014)提出文化景观遗产是人类生产生活的产物,研究历史景观的空间尺度,尤其是现存的历史景观的空间结构,需要使用模型以方便评估,其以罗马尼亚南部为研究对象,尽管这里只经历了短暂的罗马管理,但现存文化景观仍有明显的空间痕迹,该研究通过目前的景观空间格局模拟了罗马景观的连续性。

国外对空间格局的研究主要以景观生态学理论为指导,空间格局作为景观格局研究的一个重要方向,主要研究格局的组成及结构,也包括景观的空间格局变化对生物的影响、空间格局变化的驱动力(主要侧重于人类活动影响土地利用方式,进而影响景观的空间格局)、空间格局演进、格局评价、文化遗产保护和生态系统等方面的研究。

4. 中东铁路相关研究

中东铁路的相关研究包括两部分:1952 年及以前以俄、日为主的外籍人员在中东铁路附属地内完成的研究;1952 年以后国外相关学者对中东铁路的研究。

中东铁路工程局作为修筑中东铁路的工程技术部门,于 1904 年出版了《中东铁路建设图集》,收集了中东铁路筑路工程、附属建筑建设工程及车辆设计等的重要图纸;于 1905 年出版了《中东铁路大画册》,以照片和简单的俄文描述,记录了中东铁路建设之初众多的中东铁路建筑及铁路设施。沙俄还出版了《东清铁路沿革史》,以照片结合俄文、中文的形式展示了中东铁路建设之初的施工场景。

1982 年,日本东京大学越泽明的博士学位论文《中国东北都市计画史》记录了 19 世纪末都市计划由相关国家传入中国的过程,主要包括主要城市相关的规划建设、建筑、经济、制度等,是了解东北地区城市规划历史发展的重要文献。1999 年,俄罗斯学者特罗伊卡出版了《中东铁路时期建筑(19 世纪末~20 世纪初)》。2001 年,俄罗斯学者克拉金出版了《哈尔滨——俄罗斯人心中的理想城市》。2008 年,日本学者西泽泰彦出版了《图说满洲都市物语——哈尔滨、大连、沈阳、长春》。

国外学者对中东铁路的研究大多属于资料整理,在历史人文方面,主要针对建筑单体或城镇节点进行研究,较少涉及区域整体层面的历史规划和未来发展问题。国外相关研究大多围绕重要城镇进行，对中东铁路沿线的众多小城镇涉及较少。但这些研究从不同的视角对中东铁路进行了展示和分析，对于中东铁路的整体认知、保护和利用的相关研究具有重要价值。

1.3.2 国内研究综述

1. 全域旅游相关研究

全域旅游的概念最初由厉新建明确提出，他对全域旅游进行了全面解读，同时提出了"四新"理念和"八全"结构图。吕俊芳（2014）对全域旅游发展的基础条件进行了总结，涉及全民休闲的社会背景、旅游资源全域化、非农人口充足3个方面，并指出实现全域旅游的关键在于旅游资源整合，形成具有区域特色的多样化的旅游产品。

全域旅游相关理论与实践在我国处于起步阶段，定性分析层面的研究较多，开展全域旅游工作的实践案例较多，但成果较少。现阶段全域旅游相关的研究多集中在从宏观视角出发，对构成要素和发展过程进行分析，以区域内旅游资源的整合为目标，融合区域内旅游相关产业，倡导居民和游客共同参与，构建全域旅游空间格局。

关于全域旅游的国内相关研究现阶段的成果存在的不足之处包括以下几点：一是权威期刊上有关全域旅游研究的文章很少，现有文献大多注重实证分析，理论研究较少。二是研究视角较为单一，缺乏具体的技术方法支撑，全域旅游是涉及大量不同种类要素的综合旅游系统，缺少对其他学科的相关研究方法的借鉴，也缺乏定量研究方法。三是缺乏对全域旅游规划中的不同要素和不同组成部分的系统解构，缺乏与专题旅游规划进行有效结合的相关研究。四是缺乏对全域旅游规划与现有旅游规划体系的关系的深入研究和探讨。五是现有研究具有很大的局限性，研究区域局限在以行政边界进行划分的地区，而且过于局限在资源丰富的地区。根据全域旅游的理念和发展模式的特征，旅游资源竞争力较弱的地区、生态环境脆弱的地区及跨国界、跨文化的大区域都可以结合全域旅游理念推进旅游行业振兴，全域旅游也可以与工业旅游、乡村旅游、智慧旅游相结合，探讨其在全域旅游大背景下各自的发展形式。

2. 遗产廊道相关研究

（1）国内遗产廊道保护相关的法律和法规。

1961年印发的《文物保护管理暂行条例》说明了需要保护的文物是指与重大历史事件和重要人物等相关，并且具有历史纪念意义和史料研究价值的一些建筑物、遗址、纪念物等，以及具有特定价值（历史、艺术、科学）的古文化遗址、古墓葬、古建筑等。1982年颁布的《中华人民共和国文物保护法》强调不可移动文物需要根据其各方面的价值将其确定为若干不同级别的保护单位,而且需要根据其保护需求划定出保护范围和周边的建设控制地带。2002 年修订的《中华人民共和国文物保护法》指出应该对历史文化名城、街区和村镇进行保护。2004 年印发的《关于加强对城市优秀近现代建筑规划保护工作的指导意见》强调应该对城市优秀近现代建筑予以保护。2005 年发布的《国务院关于加强文化遗产保护的通知》指出文化遗产包括物质文化遗产及非物质文化遗产。工业遗产的相关内容是由 2006 年发布的《国家文物局关于加强工业遗产保护的通知》首次提出的。2007 年下发的第三次全国文物普查相关文件针对工业遗产、文化景观、文化线路等过去容易忽视的环节的保护工作进行了重点强调。国内文化遗产保护虽然起步较晚,但发展速度较快,尤其是近几年通过相关学者的不断努力,已逐步和国际接轨。

(2)遗产廊道的相关研究。

遗产廊道的相关概念于 2001 年由王志芳和孙鹏首次引入,其对美国遗产廊道的选择标准和管理体系等方面进行了介绍。由此开始,针对遗产廊道的相关研究逐渐增加,近 3 年成果明显增多,主要集中在建筑、旅游、文化、考古 4 个方面,北京大学的俞孔坚教授及其团队对遗产廊道的研究成果较多。截至 2023 年 10 月,遗产廊道相关主题的文章达到 900 余篇(图 1.1),从文献的分布来看,呈整体上升趋势。遗产保护与再利用是遗产廊道的研究热点,其中京杭大运河、丝绸之路、中东铁路等成为遗产廊道的主要研究对象(表 1.2)。

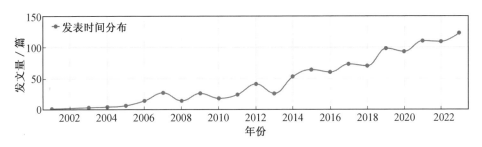

图 1.1 遗产廊道主题文献发表时间分布

表 1.2 遗产廊道主题文献出现的高频次关键词

关键词	频次	关键词	频次	关键词	频次
遗产廊道	115	廊道	9	中东铁路	5
保护	19	构建	9	文化遗产保护	5
文化遗产	15	层次分析法	7	旅游	5
遗产保护	14	线性文化遗产	7	世界文化遗产	4
京杭大运河	14	茶马古道	7	大遗址	4

续表 1.2

关键词	频次	关键词	频次	关键词	频次
风景园林	14	绿道	7	古炮台遗产廊道	4
工业遗产	13	景观格局	7	绿色廊道	3
旅游开发	11	生态基础设施	6	北京	2
丝绸之路	10	廊道遗产	6	共生	2
文化线路	10	文化景观	5	发展战略	2
大运河	10	世界遗产	5	清文化	2

俞孔坚、朱强、李迪华(2007)结合大运河工业遗产廊道构建的相关研究,总结出遗产廊道具有以下特征:一是线性景观。在以往局部点式遗产保护方式的基础上,强调多种遗产类型结合的带状区域性保护。二是尺度灵活。遗产廊道尺度的大小主要是由相关历史活动或特定文化传播的范围决定,区域甚至可以不连续。三是整体性及综合性。遗产廊道区域既有相同的历史文化传播背景,又常有相同的自然要素环境,所以应综合协调遗产廊道各部分的自然、历史文化及休闲游憩等资源。面对国土空间规划发展的时代背景,冯君明等(2021)围绕明长城文化遗产和沿线城乡区域的历史环境保护,根据明长城防御工程体系和遗存现状研究提出整体性保护的总体规划导向,并在国土空间规划体系的指导下,引入遗产廊道规划理念,探讨以国土空间规划体系为基础构建明长城遗产廊道的可行性与体系关联。钟翀(2021)则从历史发生学角度出发,以日本线性遗产廊道为研究对象,对遗产廊道的历史内涵及其发生的普遍规律进一步展开探讨。

1992 年,文化景观被纳入《世界遗产名录》,成为正式的遗产类型之一。1994 年,文化线路遗产的概念在马德里召开的专家会议上形成,并被定义为"特殊的、动态的文化景观"。2005 年,文化线路作为 ICOMOS 第 15 届大会的讨论议题之一被提出,并形成了《文化线路宪章》(草案)。姚雅欣、李小青(2006)等对《马德里共识》进行了详细阐释,指出了文化景观与文化线路的异同点主要包括两方面:一方面,文化线路包括非物质的空间动态特征,文化景观尽管也具有时间和空间的延续性,然而静态性和固定性才是其根本特征。另一方面,文化线路的尺度和内涵广度要大于文化景观,文化景观是文化线路的重要元素。丁援(2007)在《无形文化线路理论研究:以历史文化名城武汉考评为例》中指出文化线路的基础是线性遗产,要重视文化线路无形的文化发展线索,并且在传统的有形文化线路理论的基础上,提出了无形文化线路理论,同时指出应重视在文化变迁中以区域文脉为基础的"纪念性完整",其有助于解读那些地理空间上分布较为分散,但实则具有紧密的内在联系的遗产区域。阮仪三与丁援(2008)认为保护文化线路工作的基础是遗产的价值评估,文化线路的整体价值大于各组成部分的价值之和,并提出大运河文化线路的价值评估策略。陈怡(2010)以文化线路理论为指导,针对大运河的保护问题进行了研究,提倡保护大运河的整体价值,主要分析了文化线路的定义、文脉、跨文化的重要性等内容。文化线路注重文化传播及文化交流的过程,以及文化载体呈现出的文化景观特征。本书通过对文化线路的研究,明确了以文化的传播和演进为主线,分析中东铁路遗产廊道的空间格局。

通过对遗产廊道相关研究的综述,了解到遗产廊道是一种区域性、综合性、多目标的遗产整体保护和利用理论方法。遗产廊道为大型遗产区域保护与利用的研究和实践提供了一种新的理论方法和视角,但该理论及相关方法目前尚处于起步和探索阶段,现有研究以宏观大尺度的研究对象为主,侧重于实证研究,其中工业遗产廊道主题的比重较大,相关的研究主题涵盖构成体系探究、价值评价、构建方法及旅游开发等内容。

3. 空间格局相关研究

对于空间格局的概念,国内研究多受到现代景观生态学的影响,因此多集中于格局的指数应用和尺度分类上,在结构与功能方面大多集中在对分类方法和格局成因的分析上。如肖笃宁、傅伯杰等人,从景观空间格局的组成和结构方面,以及空间格局反映的景观特征方面,对景观分类体系进行了不同方式的搭建;陈文波、王宪礼等人着眼于不同尺度、对象、分辨率等方面的景观指数的优劣,应用景观模拟的方法展开研究,针对部分常用指标的实用性和局限性进行了说明。

陈文波、肖笃宁、李秀珍(2002)揭示了景观空间格局变化背后的生态学原理,并且采用相关景观指数对景观空间格局及相应的变化进行了描述,将空间格局与景观过程相匹配。王宪礼、肖笃宁、布仁仓等(1997)以辽河三角洲湿地为研究对象,分析了其景观空间格局的变化,并剖析了空间格局的变化与城市化之间的影响关系。赵玉涛、余新晓和关文彬(2002)以国内外的大量相关资料为基础,对景观异质性与景观格局变化之间的相关性进行了整理和分析。张涛等(2002)学者采用了景观指数分析的相关手段,对余杭区森林空间格局变化的驱动因子进行了分析。施维林、李自珍、王兮之(2002)针对人类活动对景观的影响进行了探讨,其研究成果指出沙漠景观受到人为作用的影响显著。杨冬冬(2012)着眼于京杭大运河各历史阶段的格局特点、景观风貌、演变动因等方面,从解释学的角度进行了分析。周冬梅等(2022)通过对2013、2017和2020年3期Landsat 8 OLI遥感影像数据的分析,综合运用RS/GIS技术、景观格局指数和移动窗口法,探究了最佳尺度上的长沙市都市区生态空间景观格局梯度和方向分异特征。龚苑红等(2023)以具有典型喀斯特地貌的漓江流域为例,基于游憩导向,运用LCA-MSPA-MCR综合模型评估了喀斯特景观资源并构建了景观游憩空间格局。

在大尺度区域层面的研究方面,陶伟等(2002)以苏南3个水乡古镇为例,对区域旅游发展的竞合模式进行了探索,区域范围内城市之间的竞合对和谐、良性的城市空间格局的建立具有促进作用,也有利于整体区域的可持续发展。冲突与分工是区域关系中不可避免的两大方面,在强调合理分工的同时,也应重视对区域竞争与冲突的规划和管控,这对于区域格局构建有着重要的意义。

以上都是利用空间格局分析方法,针对不同研究对象进行的系统研究,由于研究对象的历史文化背景、空间结构、生成现状和保护优化目标不同,所以在空间格局分析过程中采用的具体研究方法和技术路线也不同。国内外对空间格局的研究主要集中在资源分类、格局变化与机制等方面。本书结合中东铁路遗产廊道格局的自身特点,设计了有针对性的科学研究体系,以期完成中东铁路遗产廊道空间格局的系统构建。

4. 中东铁路相关研究

(1)中东铁路相关的学术研究综述。

对中东铁路的历史、建筑的研究引起了很多专家与学者的兴趣。他们从历史、文物保护、建筑艺术等角度对中东铁路进行了研究,并出版了一批较有影响力的专著。著名建筑学者侯幼彬等出版的《中国近代建筑总览——哈尔滨篇》、哈尔滨工业大学建筑历史学者刘松茯出版的《哈尔滨城市建筑的现代转型与模式探析 1898—1949》、黑龙江省文物专家吴文衔和张秀兰出版的《霍尔瓦特与中东铁路》、黑龙江大学俄罗斯研究院马蔚云出版的《中东铁路与黑龙江文化:中俄(苏)关系中的中东铁路问题》等著作,对中东铁路的历史背景、文化传播、文化特征和景观要素特征等方面做了系统的描述和分析。

截至2023年10月,中国知网上可检索到的中东铁路主题的文章共2 280篇,近5年文章共648篇,约占全部文章的28%。大部分都是针对局部的区域性研究,研究对象为哈尔滨的文章有989篇,研究涉及中东铁路史与列强侵略史、中东铁路与沿线城市发展和城市化、中东铁路沿线工商业发展、遗产价值、建筑景观特色、历史建筑的结构特点与保护、文化传播、历史人物与历史事件、城市空间结构、自然资源与环境等10个方向。其中包括多篇涉及中东铁路整体保护主题的文章,例如:《黑龙江日报》于2010年3月17日刊登的《建议将中东铁路整体申报全国重点文保单位》;刘丽华于2013年和2015年在《沈阳师范大学学报(社会科学版)》上发表的《中东铁路线性工业遗产的整体性保护与利用》和《中东铁路文化线路的遗产化及要素系统构成》;佟玉权于2013年在《城市发展研究》上发表的《中东铁路工业遗产的分布现状及其完整性保护》。这4篇文章主要说明了中东铁路的价值、基本的组成要素和整体保护的建议。重要研究成果还包括：邵龙（2009）对东北城市工业文化景观的宏观发展语境、东北城市工业文化景观的形成与分布、东北城市工业文化景观的类型和文化品性进行了调研分析，提出了东北城市从工业文化景观向后工业文化景观转型是一种必然的结果，可综合现存的东北城市工业文化景观，解决后工业文化景观资源的保护与再利用过程中出现的问题，对文化资源多样性匮乏、文化生态失衡等问题也进行了分析；同时借鉴欧美后工业文化景观资源的保护、利用理论与实践经验，引入文化生态学理论，借鉴文化生态学视野下的城市后工业文化景观资源理论，指导后工业文化景观资源的整合与转换实践。李国友、刘大平（2010）将研究对象锁定在中东铁路沿线的历史建筑上，从建筑功能、地域环境、时代背景之间的关系的角度进行探讨，并对建筑的气质、品位、伦理等一系列相关人文属性进行了评判，对绿色建筑概念进行了拓展，同时也为文化线路的保护提供了参照。李沛伦、赵志庆等（2023）从线性遗产的整体性出发，结合沿线文化遗产进行了全面、系统的价值评估，从顶层设计构建了中东铁路黑龙江段历史文化遗产统筹保护与管理体系。

（2）国内对中东铁路的保护工作的综述。

近年来随着相关研究的不断深入和相关部门的重视，政府部门组织了一系列相关的保护工作，一些建筑遗产被列入市级文物保护单位、省级文物保护单位、全国重点文物保护单位，见表1.3、表1.4。

表1.3 中东铁路相关保护工作列表

规划年代	规划单位	具体项目
2004年	哈尔滨工业大学城市规划设计研究院	《中东铁路（黑龙江段）历史建筑与历史街区保护规划》
2004—2012年	哈尔滨市城乡规划设计研究院	《哈尔滨历史文化名城保护规划》
2007年	黑龙江省文化厅（文物局）	在2007年开展的第三次全国文物普查中，黑龙江省文化厅（文物局）将中东铁路沿线建筑列为重点调查项目，共调查登记了865处（1 183栋）单体建筑，基本上摸清了黑龙江省境内中东铁路建筑的基本情况，并随后整理出版了《黑龙江省中东铁路沿线历史建筑图录》
2010年	哈尔滨工业大学城市规划设计研究院	《黑龙江省海林市横道河子镇历史文化名镇保护规划（2010—2030）》

续表1.3

规划年代	规划单位	具体项目
2012年	黑龙江省文化厅（文物局）	《中东铁路建筑群（横道河子镇、昂昂溪区）保护规划》
2016年	辽宁省文物局	国家文物局同意《中东铁路建筑群（辽宁段）总体保护规划》编制立项

表1.4 中东铁路国家级文物保护单位清单

历史年代	保护级别	具体内容
1996—2013年	全国重点文物保护单位	黑龙江省圣·索菲亚教堂、中东铁路建筑群（280余处）、哈尔滨莫斯科商场旧址、伪满洲国哈尔滨警察厅旧址、侵华日军第七三一细菌部队安达特别实验场遗址、哈尔滨犹太人活动旧址群、马迭尔宾馆
2001年	全国重点文物保护单位（第五批）	大连中山广场近代建筑群
2008年	中国历史文化名镇	横道河子镇现存的120余栋历史建筑
2010年	中国历史文化名街	齐齐哈尔市昂昂溪区罗西亚大街（原陵园路）保留了原有的空间尺度，街道两侧的建筑具有鲜明的俄罗斯风格
2013年	全国重点文物保护单位（第七批）	公主岭俄式工业建筑群、中东铁路南满支线四平机车修理库、长春市伪满洲国中央银行、伪满皇宫、日伪军政机构旧址

由表1.3、表1.4中中东铁路相关规划和保护可以看出,黑龙江省在中东铁路保护与规划方面的研究比较深入,紧跟国内文化遗产研究的步伐。通过全国重点文物保护单位的确立可以看出中东铁路的价值逐渐被认可,研究也越来越深入。但是,依然局限在对相关的重要遗产点、局部遗产区域和个别城市的保护,对中东铁路的研究还没有扩展到整体空间格局层面,还没有建立系统的保护方法。

1.3.3 文献综述评析

从国内外相关研究可以看出,遗产保护经历了从遗产扩展到遗产区域的历史性发展。当前遗产保护的趋势从对单一遗产要素的保护转向对自然要素与文化要素相结合的混合遗产的保护;从对遗产的静态保护转为动态、活态的保护;从对遗产零散的点的保护发展到区域的保护。中东铁路遗产区域开始得到各界的重视。近年来也有学者开始呼吁对中东铁路遗产进行整体保护,本书正是在把握文化遗产保护的发展方向的基础上,进一步探讨中东铁路遗产廊道保护与利用的科学研究方法。

大量的中东铁路相关研究工作为本书提供了系统的历史文化背景资料,由相关文章的发表时间趋势可以看出,近些年中东铁路遗产价值逐步得到政府和相关学者的认可,相关研究成果的数量逐年上升。通过文献整理统计结果可以看出,以往的研究大多集中在对中东铁路重要历史城市节点的政治、经济、历史文化、空间结构和自然的研究;对中东铁路相关遗产保护、建筑景观特色、文化传播和历史人物与历史事件的研究;还有4篇文章建议对中东铁路遗产进行整体保护,说明了中东铁路的基本组成要素并提出了整体保护的建议。目前中东铁路遗产廊道的研究工作还缺乏在系统理论和方法指导下的针对整个遗产廊道空间格局的深入研究,包括遗产廊道空间格局认知研究、遗产廊道空间格局评价体系研究,以及遗产廊道空间格局系统构建方法的研究。

通过对相关文献的研究可以看出,在区域线性遗产保护过程中,文化线路和遗产廊道两种理论都强调文化景观整体保护的方法,目前中东铁路还没有建立整体的遗产保护系统,缺少定量、科学地对中东铁路遗产廊道进行系统研究的文献,现有成果不能直观地揭示系统价值和系统要素之间的关系。同时,传统遗产区域的空间结构研究主观性较强,依据常常是研究者的个人经验,难以进行科学的量化分析。传统遗产区域研究主要包括建立保护区、划分保护级别、修复遗产风貌等,这些措施可以在较短的时间内实现对区域局部的遗产保护。但是,由于缺乏对遗产区域系统结构的评价、分析,各局部之间难以产生有效的一体化互动,遗产的保护与人们的生活脱节,遗产的保护与利用对区域的整体发展作用较小,并不利于遗产区域系统整体价值的提升。微观尺度的遗产保护注重解决的是遗产单体的保护问题。因此,传统的遗产保护和利用容易忽略遗产整体对周边区域的辐射影响。中东铁路遗产廊道作为"人-自然-社会"相结合的跨区域复合系统,传统的保护与规划方法难以实现区域整体高效、协调发展,难以实现区域遗产的长期可持续保护和利用,因此需要以更为系统的角度探究中东铁路遗产廊道空间格局的构建方法。

随着我国遗产保护体系的不断完善,许多学者开始在城市规划层面进行遗产的相应理论研究。吴良镛、张松、阮仪三、单霁翔、王景慧、丁援等学者从城市保护规划的角度,研究了规划与特定区域遗产保护的关系,为更好地在规划设计时保护历史文化景观提供了理论方法和依据。大量的研究工作为本书提供了有力的方法支持,开展系统化、多学科支撑的遗产廊道空间格局构建是本书的研究重点。对于传统的文化遗产,我国用各级文物保护单位来评定级别,对于遗产廊道这种新型文化遗产则要综合其各方面的价值,以及时间和空间的环境背景,不应单纯从文物角度出发,而应建立定量与定性相结合的分层评价体系。

全域旅游是积极有效的区域保护性开发理念,注重区域旅游发展与资源承载力相协调,重点解决资源保护过程中的旅游整体开发问题,以及旅游整体发展产生的影响。所以,本书基于全域旅游视角,研究中东铁路遗产廊道空间格局构建的方法与策略。空间格局构建作为中东铁路遗产廊道全域旅游研究的核心,采用遥感和地理信息系统技术,在对中东铁路遗产廊道进行系统解构的基础上,综合分析中东铁路遗产廊道空间格局和文化传播过程的相互作用,提出中东铁路遗产廊道系统解构的方式,以及空间格局的分层评价指标、构建目标和构建策略,以实现中东铁路遗产廊道价值最大化和可持续发展。

结合以上对相关研究的梳理,本书对众多系统分析方法进行筛选,最终确定以全域旅游视角下的空间格局构建为主要研究目的,并对遗产廊道空间格局构建的相关理论、应用方法、技术工具等进行系统的研究。本书将基于全域旅游视角,对中东铁路遗产廊道空间格局构建进行系统、层次化的研究,并提出遗产廊道空间格局构建的方法体系。

1.4　研究内容与方法

1.4.1　研究内容

1. 主要研究内容

遗产廊道作为一个新型的遗产类型和遗产概念,并不是凌驾于其他遗产类型之上,也不与其他遗产类型相冲突。遗产廊道是一个复杂的遗产系统,包括一个或多个遗产类型。中东铁路遗产廊道作为遗产系统整体,包括区域内的多种不同遗产类型,遗产廊道发挥的系统价值将超过各遗产要素价值的总和。在遗产领域内,遗产廊道属于复合型遗产,它将各种遗产类型包含其中,结合了区域内自然景观的保护与利用。为了对遗产廊道进行系统认知和空间格局构建,本书在文献综述的基础上,对中东铁路遗产廊道进行了以下两方面的研究。

(1) 遗产廊道的历史与现状分析。

遗产廊道是在特定政治、文化和自然因素的影响下产生的遗产区域。文化传播决定了遗产廊道的产生,区域内独特的文化景观风貌的形成也依赖于文化的传播。各种文化在遗产廊道中相互碰撞,从而形成该区域独特的文化景观风貌特征。因此,文化传播是遗产廊道产生和发展的条件和动力,可通过分析文化传播的方式和过程,了解中东铁路文化传播对遗产廊道的影响。遗产廊道由具有一定关联性的众多遗产构成,很多遗产廊道的遗产本体随着历史的发展,因其功能逐渐衰败而退出历史舞台,除了线路本体以外,那些与遗产廊道历史或空间紧密相关的遗产和文化景观,也是遗产廊道价值得以体现的重要因素,如教堂、工厂、医院、旅店、城镇历史居住区等要素。与其他文化遗产类型相比,遗产廊道的物质要素更为复杂多样,对其按照功能、文化和风格进行分类梳理是本书的研究基础。本书通过对遗产廊道的认知和调研,分析遗产廊道的资源现状和旅游空间格局现状。

(2) 遗产廊道空间格局构建。

本书研究的主体为中东铁路遗产廊道的有效保护和利用,而非保护中东铁路遗产的技术手段。实现遗产的保护与利用,当下最普遍的做法是以保护为前提的旅游开发,追求遗产的活态保护。目前在中东铁路遗产中,有一小部分价值较高的遗产已经进行了旅游开发,还有一些以旅游开发为目的而进行了遗产保护。需要讨论的是,以遗产保护为目的的旅游开发与以旅游开发为目的的遗产保护是有本质区别的。前者的核心是遗产保护,需要在遗产发展的历史环境下,保护遗产的功能、文化和建筑风貌;后者的核心是旅游开发,考虑的是遗产旅游的市场定位、游客需求、提升旅游产品质量,遗产的文化传承和原真性不是首要考虑的因素。在全域旅游视角下,本书以遗产资源保护为前提,研究遗产廊道旅游空间格局构建,分析各层次之间、各层次内部要素之间的相互关系,提供建立遗产廊道旅游发展空间格局的科学方法及技术路线,并通过典型案例实证检验遗产廊道空间格局构建方法。

2. 各章研究内容

本书基于全域旅游视角,以遗产廊道的研究体系为基础理论,结合文化地理学、系统论及旅游空间格局等方面的研究,通过资料收集、现场调研和整理分析,以文化传播为主线,分析中东铁路遗产廊道空间格局的生成过程,对中东铁路遗产廊道进行分层解构研究,并对其各层次空间格局进行构建分析,提出其空间格局构建策略,以期实现中东铁路遗产廊道的可持续发展。本书研究共分6章完成。

第1章为绪论,介绍研究背景、目的、意义和文献综述,对中东铁路相关遗产价值进行分析,明确廊道系统的价值和面临的主要问题,为确定研究范围和视角提供科学依据。

第2章是研究基础,对重要概念进行界定,分析研究所需要的理论、软件、模型和技术工具。根据研究对象和研究目的,提出研究的技术路线,找到全域旅游、文化地理学、系统论与本书研究的结合点,论证可实现研究目的的软件、模型和技术工具的可行性,完成本书的基础研究。

第3章研究中东铁路文化的构成、源地和传播对遗产廊道空间格局的影响,研究不同文化源的产生背景、传播过程和影响区域,研究作为中东铁路文化载体的遗产廊道的生成过程,解析文化传播对中东铁路遗产廊道文化景观特征的影响;分析中东铁路遗产廊道的系统构成,将遗产廊道分为资源系统和支持系统两部分,并通过资料收集整理和现场调研分析,对遗产廊道资源系统进行分类、判别和登录;提出构建全域旅游空间格局的基本思路,对遗产廊道整体进行结构分级,把中东铁路遗产廊道划分为整体遗产廊道、区段、城镇3个空间层次,并分析各层次的空间格局构建方法。

第4章根据中东铁路的历史文化背景、铁路系统的结构功能、铁路区段结构等因素,将中东铁路遗产廊道划分为4个区段,并通过影响因子筛选和分析,建立区段旅游发展评价体系;应用层次分析法(AHP)对各区段进行旅游发展评价,构建各区段旅游竞合发展格局。

第5章根据点轴开发理论,分析中东铁路沿线的城镇类型、特征和区段点轴空间格局构建原则,建立城镇遗产旅游发展潜力评价体系,应用Python软件对各项影响因子进行统计分析,以滨绥段为例进行区域内城镇遗产旅游发展潜力评价,构建滨绥段遗产旅游点轴空间格局。

第6章提出城镇遗产游憩网络格局构建的程序和方法,通过遗产资源的调研、筛选、分类和分级,完成网络节点的主题和层次划分,应用3S技术和最小累积阻力模型完成网络路径构建适宜性分析,提出中东铁路遗产廊道城镇遗产游憩网络格局的构建策略,完成中东铁路遗产廊道空间格局的分层构建,为中东铁路遗产廊道实现全域旅游提供科学方法、途径。

1.4.2 研究方法和框架

1. 研究方法

(1) 遗产廊道空间格局构建的系统方法。

系统方法就是用系统的观点来认识和解决问题,即把对象视为系统进行研究,系统方法可以是经验的或理论的、近似的或精确的、定性的或定量的。系统论强调事物之间的相互联系和相互作用,强调事物的功能与结构,揭示事物的动态发展特征。运用系统方法研究复杂的遗产廊道,可将复杂的问题条理化、简单化。在中东铁路遗产廊道研究中,我们运用了系统方法的方法论及哲学基础两部分内容。

每一种科学的方法论都会有一种理论作为哲学基础,唯物辩证法就是系统方法论的哲学基础,其核心内容是对立统一,强调整体论与还原论相结合、分析法与综合法相结合等,这些都是系统方法论的核心。辩证唯物主义认为,无数相互作用、联系、制约和依赖的客观事物所形成的统一整体组成了物质世界,物质世界的整体性和普遍联系性就是系统思想。系统方法是辩证唯物主义分析事物的工具。

中东铁路遗产廊道空间格局构建的系统方法论,不是把系统论简单地套用于遗产廊道的空间格局研究上,而是充分了解系统科学的哲学基础,结合中东铁路遗产廊道空间格局构建的个性特征进行研究。遗产廊道空间格局是指不同要素在共同的发展目标的驱动下,各要素相互依存、相互支持、相互制约,形成一个有机的整体。正是由于遗产廊道空间格局构建具有辩证唯物主义的哲学基础,因此系统方法论才能在遗产廊道空间格局构建研究中得到有效应用。

首先,系统方法论注重整体论与还原论相结合。古代科学方法论强调整体论,而还原论则强调将整体拆分为个体,从而对个体进行研究。整体论是一种直观、朴素的研究方法,但是对整体的宏观把握并没有以对个体的充分了解为基础。还原论认为世界是一种客观的存在,客观事物按照一定规律由基本层次构成,将事物还原为基本层次,复杂的层次问题就可化繁为简了。还原论适用于研究简单的系统,但并不适用于复杂的系统问题的解决,系统整体的突显性不能通过简单累加各部分的认识来描述。系统论将还原论与整体论相结合,解决了还原论的片面性与局限性问题。分析、解决中东铁路遗产廊道的发展问题,需要将整体的发展问题细化、分解,将系统分解到基本层次要素,在分解过程中要分析层次之间的关联性。对于遗产廊道空间格局构建的研究也可以采用整体论与还原论相结合的研究方法,通过分析整体遗产廊道、区段、城镇等层次之间的结构和功能,再层层构建并把握各层次间的关系,即分析区段竞合的特点和规律、各城镇的发展联系、各遗产的主题联系,以避免笼统的、猜测性的认识。

其次,将分析法与综合法相结合。通过分析了解一个系统,明确其包含的组成部分,确定其组成部分以什么方式相互联系形成系统整体,明确系统功能和系统所处的环境。要管理和控制一个系统,就要以系统分析为基础进行系统综合,对各部分进行整体重构。中东铁路遗产廊道空间格局的系统构建也需要通过系统分析,明确系统的层次要素。根据研究需要将遗产廊道划分为三级子系统,在确定各层次的构建目标和层次间的关联性后进行分层构建,然后整合完成中东铁路遗产廊道空间格局的系统构建。

(2)文献综述与田野调查结合法。

在针对具体的历史资料和研究文献进行梳理、分析的同时,结合对研究对象的田野调查,包括对中东铁路遗产点和沿线重要城镇空间格局数据的收集整理,将历史资料、调查结果、问卷访谈等相关信息进行系统梳理、整合,为本书研究提供翔实的基础数据。

(3)多学科交叉研究法。

本书综合运用全域旅游、文化地理学、遗产廊道保护与利用、空间格局构建等的相关知识,以期系统指导中东铁路遗产廊道的历史、现状和价值分析,以及解决研究过程中的关键问题,如提出空间格局构建策略等。

(4)定性分析与定量分析结合法。

本书采用历史文化、风格特征定性分析与评价指标定量分析相结合的方法,增强研究的科学性及可信度,以系统的相关理论支撑定性研究,在数据分析的基础上对本书提出的理论框架进行科学实践。

2. 研究框架

遗产廊道内的各遗产要素都具有自身的价值,当这些要素共同组成遗产廊道时,这些遗产的自身价值并没有被弱化和忽视,它们共同产生了新的内涵和外延。遗产廊道的整体价值之所以大于个体价值的总和,是因为遗产廊道系统包含多层次的子系统,各层次之间紧密联系、资源互补、相互支撑、相互促进。本书在建立研究理论方法体系的基础上,对中东铁路遗产廊道空间格局构建的结构进行解析,明确各个层次的关系和构建目标。本书的研究框架如图1.2所示。

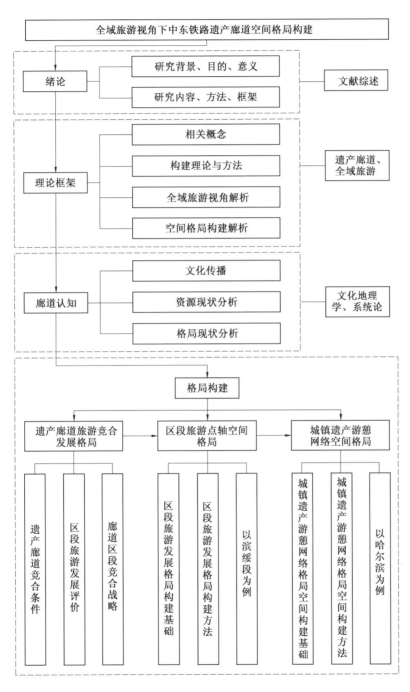

图 1.2 研究框架

第 2 章　研究基础

本章针对研究目的和研究内容,完成本书研究的基础工作,以保障后续研究的清晰展开,具体包括明确相关概念、研究视角、理论与方法、结构框架 4 部分。在明确界定相关概念的基础上,通过分析全域旅游与遗产廊道的系统耦合关系,阐释如何在全域旅游视角下完成遗产廊道空间格局构建。在全域旅游视角下筛选解决格局构建问题的理论、方法与工具,并确定遗产廊道空间格局构建的结构框架。

本章主要包括 4 部分:相关概念界定;以全域旅游视角解析遗产廊道空间格局构建;相关理论应用及技术方法;全域旅游视角下中东铁路遗产廊道空间格局构建的结构解析。相关概念界定部分首先对中东铁路进行了界定,中东铁路是沙俄在我国东北地区修建的一条铁路,由于其名称和各段的管理权频繁变更,为使研究对象概念清晰,本书将沙俄建设的哈尔滨至满洲里、哈尔滨至绥芬河、哈尔滨至旅顺这 3 段铁路统称为"中东铁路",中东铁路相关遗产建设的时间范围界定为 1898—1952 年。其次还界定了遗产廊道和空间格局的相关概念。本书应用以下理论和方法解决研究中遇到的相应问题,包括:应用全域旅游理念解决遗产廊道的整体保护与利用问题;应用文化地理学分析中东铁路文化的起源与传播;应用系统论完成遗产廊道的解构;分别应用竞合理论、点轴开发理论和游憩地理学理论进行空间格局构建;应用层次分析法解决区段资源评价问题;应用最小累积阻力模型和蚁群算法解决最优路径选择和资源聚集度问题;应用 GIS、Python 和 SPSS 软件完成具体量化研究。通过分析遗产廊道的结构特征,解析遗产廊道全域旅游的要素构成,将遗产廊道具体划分为资源系统和支持系统两大系统,其共包含 7 个构成要素——遗产资源、其他资源、游憩系统、解说系统、相关行业、全民、政策和资金,其中遗产资源指遗产廊道内的所有中东铁路相关遗产;其他资源指区域内的其他文化景观资源。通过分析遗产廊道的系统构成,基于全域旅游视角,提出遗产廊道空间格局构建原则,对中东铁路遗产廊道进行空间层次划分,提出每个层次空间格局构建的目标,分析各层次之间相互控制与支撑的关系。这些概念和问题的界定和解决为研究的顺利进行提供了保障,组成了完整的研究技术路线。

2.1 相关概念界定

2.1.1 中东铁路

在人类几千年的历史发展过程中,大型货物主要通过水运完成,但其受区位和速度影响较大。随着蒸汽机时代的来临,铁路以其巨大的优势迅速发展,大大改善了陆路运输以人力和骡马为动力的状态。

中东铁路是沙俄于1898—1903年在我国东北地区修建的一条全长约2 426 km的铁路。中东铁路是"中国东方铁路"的简称,亦称"东省铁路""东清铁路",以哈尔滨为核心,东至绥芬河,西至满洲里,南至大连(旅顺),呈丁字形镶嵌在东北地区(图2.1)。1905年,日俄战争后,长春至大连旅顺段铁路被日本占据,日本将其改称"南满铁路"。1935年,中东铁路整体改称"满铁"。1945年,抗日战争胜利之后,中东铁路由苏联和中国共同管理经营,改称"中国长春铁路"(简称"中长铁路")。

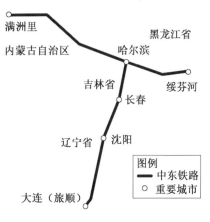

图2.1 中东铁路的示意图

1952年,中长铁路全部移交给中国,划分为滨绥线、滨洲线、哈大线3条铁路线。

中东铁路概念有狭义、广义之分,狭义的中东铁路是指铁路运行本体,包括铁轨、路基、沿线车站、桥梁、涵洞、隧道、水塔、机车库等,以及支持铁路运行的工程和管理设施。广义的中东铁路是指铁路沿线区域,包括与中东铁路建设相关的工程、管理、工厂等遗产;与中东铁路的建设者相关的侨民生产生活遗产;中东铁路沿线自然要素;铁路附属地内建设的城镇。本书的研究对象中东铁路属于广义的中东铁路概念。

随着中东铁路的开通,多种文化在铁路沿线区域的城镇和乡村碰撞交融,工商业迅速发展,经过百余年的历史演进,形成了一条景观特色鲜明、文化底蕴深厚的遗产廊道。

2.1.2 遗产廊道

遗产廊道是线形区域文化遗产研究的主要类型,是指由特定文化联系的线形或带状区域内的相关文化遗产集合,一般是由于人类的特定目的而形成的重要文化纽带,其将一些原本关联性很小的空间区域串联起来,构成带状的文化遗产区域,是人类历史活动的真实体现,作为文化载体呈现着区域的文化内涵。遗产廊道形式多样,河流、道路、铁路及海上航线等都是重要表现形式,体现了人类历史的运动轨迹,也体现了地区文化的演变历程。

遗产廊道的概念及相关理论虽然始自美国,但对我国大量的线性遗产区域的保护与利用具有重要的借鉴意义。遗产廊道即线性的遗产区域,采取的是区域遗产的整体保护观点,又是对自然、历史、文化、经济等多个目标进行综合保护的理论体系。同时,强调经济价值和自然生态系统的平衡。遗产区域有多种不同类型,遗产廊道是其中之一,它具有线性特征,是共性文化的区域集合,一般拥有明确的经济中心和繁荣的旅游产业,通常以物质和非物质遗产的再利用、整体环境的改善、整体景观的优化为目标,积极为地方经济、社会发展做出贡献。遗产廊道是绿道概念和遗产区域保护概念融合发展的成果,融休闲游憩、遗产和生态保护于一体。遗产廊道理论的创新之处在于对自然和遗产的整合化利用,扩大了遗产的保护范围,增加了缓冲区和周边环境,其尺度可扩大到跨国区域。

中国化的遗产廊道是根据我国的遗产现状,强调在国内遗产研究领域与实践领域应用的可行性,同时关注廊道区域的遗产保护、文化传播、自然生态和经济发展。遗产廊道应包括以下4类资源要素。

1. 线路本体

线路本体是指河流、运河、道路、铁路等,作为遗产廊道产生的基础,体现了遗产廊道的原始功能。线路本体的原始功能属性可能已经弱化或消失,但遗产廊道为线路本体赋予了新的功能和使命,为沿线区域的可持续发展创造了有利条件。如中东铁路是西伯利亚铁路的一部分,是罕见的完整体现20世纪早期工业化、近代化进程的实物例证。

2. 核心遗产

核心遗产是指遗产廊道内,支持线路本体实现历史功能属性的相关遗产,这些遗产或是具有结构、形式、演进的独特性,或是工程技术手段特殊。如因中东铁路修建而兴建的各类铁路附属建筑,具有独特的俄、日建筑风格,极具艺术审美和技术价值。

3. 历史相关遗产

历史相关遗产是在线路本体产生和演进过程中,在廊道区域内与重要历史事件相关的遗产,或特色的城镇文化遗产。如中东铁路遗产廊道区域内的很多遗产见证了我国东北地区重要的历史事件,产生了东北地区独特的异域风貌城镇,很多城镇建筑形成了鲜明的区域建筑文化遗产特征。

4. 空间相关资源

遗产廊道的自然环境要素是其遗产形成的基础,影响着整个廊道的产生和发展。中东铁路横跨我国东北的4个省区,沿线的自然资源极其丰富,有农田、河流、山脉、林地等。铁路的选线充分考虑了沿线的自然环境条件,既保证了铁路运行顺畅,同时降低了建设成本。这些丰富的自然资源对沿线文化景观的形成和演进起着重要的作用。例如,中东铁路沿线的自然和文化资源包括帽儿山风景区、亚布力滑雪场、呼伦贝尔大草原、大庆湿地等,整合这些重要的旅游资源进行遗产廊道的整体开发,可以促进区域经济发展。

中东铁路遗产廊道历史文化和环境的保护,对于区域文脉传承、经济可持续发展、大众游憩具有重要意义。中东铁路因其重要的历史价值,沿线丰富的自然、文化景观资源,独特的建筑艺术、技术魅力,必将成为东北地区经济发展的重要载体。

2.1.3 空间格局

《现代汉语词典》(第7版)中将"格局"定义为"结构和格式"。"格"指对象的要素结构,"局"指对象的整体时空界限,各种要素相互之间的位置及关系就是格局。空间格局就是众多资源的空间位置布局形成的整体形态表征。在空间格局中,空间是格局的物质元素,格局是空间组织关系的体现。

从结构看,空间格局可以分为点格局、线格局、网格局。点格局是指特定资源类型的斑块大小相对于它们之间的距离要小得多的一种景观类型;线格局是指资源要素呈长带状的空间分布形式;网格局是点格局与线格局的复合体。空间格局还可以从资源要素的空间分布关系上分为均匀分布格局、聚集型分布格局及特定组合分布格局。

本书研究的空间格局是指遗产廊道3个层次的旅游资源的空间布局及关系,即不同尺度、不同类型的旅游资源要素在空间上的排列、组合及相互关系。第一层次,构建遗产廊道不同区段间的竞合发展格局,包括区段组成单元的数量、空间分布、特征、区段旅游发展现状及战略等;第二层次,构建区段内各城镇的点轴空间格局,包括中东铁路沿线城镇数量、空间位置、旅游发展潜力、资源配置及发展战略等;第三层次,构建城镇遗产游憩网络格局,包括遗产数量、质量、类型特征、空间分布及游憩规划。

遗产廊道空间格局包括3个层次:遗产、由若干遗产组成的城镇、包括若干城镇的遗产廊道区段。因此,评价指标亦可相应地分为遗产水平指标、城镇水平指标和遗产廊道区段水平指标。遗产水平指标,作为其他空间层次量化研究的基础,本书主要研究其空间分布、等级、特色等指标。城镇水平指标,包括遗产数量、类型、聚集度及可达性等指标。在城镇水平指标层面上,因为每个城镇常常包括许多数量和种类的遗产,所以可相应地计算一些统计类指标。遗产廊道区段水平指标,可以计算资源、社会、发展潜力等指标对区域旅游发展的影响。应用这些指标定量地描述空间格局,可以对不同空间层次进行分析,研究它们之间的结构、功能和联系。

2.2 研究视角界定

选择全域旅游视角,可以更加明确中东铁路遗产廊道空间格局构建的目标。全域旅游视角可以为遗产廊道空间格局构建提供清晰、科学的理念和方法,符合遗产廊道的未来发展需求。

2.2.1 全域旅游视角的内涵

全域旅游是国内近几年兴起的旅游发展概念,2008年开始有学术文章和个别城市的旅游发展规划提及全域旅游概念。2013年,厉新建等在《人文地理》上发表的文章中全面解读了全域旅游概念,首次构建了全域旅游的基本研究框架。2016年,国家旅游局先后发布了两批"国家全域旅游示范区"创建名录,共500个。全域旅游是为适应全民休闲而兴起的一种区域旅游发展模式,是区域旅游发展的必然趋势,其宗旨是以旅游业带动区域各行业协调发展、提高区域环境质量、缩小区域的经济发展差距。全域旅游并非改变了传统旅游的系统构成,而是针对传统旅游的目的地系统提出了新的发展理念和优化模式。

全域旅游是区域整体进行旅游开发,以区域整体作为一个旅游产品,其概念与以往旅游概念最大的差异在于一个"全"字,就是全民、全行业、全部门共同促进全时空旅游发展。具体指全区域居民和游客共同参与,各行业主动融入,各部门一体化管理,充分利用区域内的全部旅游吸引物,为游客提供全时空、全过程的区域旅游体验,为居民提供高品质的游憩场所,从而全面地满足区域内人们全方位的旅游体验需求。全域旅游开发是指利用区域范围内一切可以利用于旅游的资源,共同开发形成区域整体旅游吸引物,以期实现区域旅游整体形象突出、旅游体验丰富、公共服务设施完备,从而吸引更多的游客。全域旅游还强调游客与区域内居民的融合,把区域打造成游客的家园、居民的乐园。在全域旅游发展过程中,旅游业作为区域内产业融合的"触媒",有效融合各产业,促进区域经济整体发展。

全域旅游在空间上不应局限于现有行政区划,既可以是省、市、县、镇、村,也可以是跨行政区划的文化线路、遗产廊道、经济或地理区域。对于保护遗产廊道,不能停留在现在或过去的某一个时间点上,而要注重遗产的文化、技术、功能等方面的变化过程,承认遗产保护的动态性。可将全域旅游与遗产廊道进行系统耦合,二者具备内容耦合的基本条件,全域旅游与遗产廊道在系统应用及研究方法上有相近之处,尤其是在目标上有极大的相似性,而且在研究方法上可以优势互补。本书在系统耦合理论的指导下,将这两个相对成熟且能够有效互补的研究方法进行融合,使二者能够充分发挥各自的优势,强化正向作用,形成科学的有效解决问题的研究方法。

中东铁路遗产作为东北地区近代文化变迁的物质载体,我们应从时间、空间、影响因素与类型特征4个方面同时对其进行研究。作为跨区域的遗产廊道,既要对遗产进行有效保护,又要与地区发展紧密联系,促进区域发展,单一的保护或利用对遗产本身和区域发展都不是可持续的方法。本书将结合遗产廊道的保护理念和全域旅游的发展理念,对中东铁路遗产廊道进行有效的保护与利用。全域旅游强调区域内居民的广泛参与性,积极将各个行业融入旅游发展,并由多个部门共同进行管理。它以满足游客全方位体验的需求为目的,为游客提供全时空、全过程的体验服务。全域旅游视角下的遗产廊道研究将整体性置于重要位置,系统构建遗产廊道的整体空间,有效保护廊道区域内的文化、自然资源,并为区域内的全民提供休闲服务,促进区域经济发展。

通过梳理全域旅游相关研究,结合中东铁路遗产廊道空间格局构建需求,本书的全域旅游视角主要包括以下5个方面。

1. 全要素视角

整合目的地内所有可利用的资源,作为旅游吸引物。随着休闲度假时代的到来,全域旅游的发展需要建设者打造更具感染力和渗透力的环境,全面提升旅游产品的质量,丰富旅游产品的类型,整体改善区域的旅游环境,提高区域旅游发展的竞争力,以实现旅游者在旅游目的地停留更长时间。

2. 全时空视角

全时空视角强调的是无论在时间上,还是在空间上,目的地都能够为游客提供全方位的产品服务体验,无论白昼或是黑夜、旺季或是淡季、核心旅游区内或是核心旅游区外。全域旅游借助区域交通体系的不断完善,必将成为区域旅游的重要发展趋势。但全域旅游发展并不等同于大范围全面的旅游开发,更重要的是形成以"斑块–廊道"为模式的整体发展格局。

3. 全面体验视角

全域旅游注重游客在目的地期间的整体体验。在整个旅游过程中,目的地能够为游客提供无缝隙的全过程体验,能够使游客感受到无处不在的服务。全域旅游在发展过程中注重体验模型的构建,"体验点–体验线–体验面–体验场"构成了全域旅游的基础模型,在传统旅游强调的吃、住、行、游、购、娱的基础上,更加注重文化、科教、资讯、环境、制度等各类要素的协同作用。此外,全面改善游客体验还将从旅游目的地的经营目标出发,将"到此一游"转向更加人性化的"旅游体验",甚至对舞台化、主题化、场景化等多层次旅游体验进行整合。

4. 全民视角

全域旅游强调游客与当地居民在旅游目的地发挥的作用。全域旅游积极倡导居民参与旅游目的地的开发建设,居民在旅游服务中发挥着重要作用,并在这个过程中实现经济收益的提升。当地居民的广泛参与能够提升整个旅游目的地的好客度,能够使旅游者感受到更加全面的旅游体验,提高旅游体验满意度。全民视角下,目的地旅游开发更注重"游客即居民,居民即游客""人人为旅游,旅游为人人"的发展理念,强调构建游客与居民共享资源环境的良好关系。在当地居民提供旅游服务的过程中,游客与居民共享生活方式,游客能够真切感受到旅游目的地的地域文化和风俗习惯。同时,旅游目的地建设在很大程度上改善了当地居民的生活环境,能够使当地居民享受到更加优越的人文、自然环境。旅游环境和休闲环境质量的提升,将使当地居民的生活质量、幸福感全面提升。

5. 全部门视角

旅游产业发展需要多个部门的协调配合,全域旅游的发展更需要各相关部门发挥自身的作用,相互配合完成旅游开发、建设、管理。在全域旅游发展过程中,相关部门要明确职责,共同努力做好区域旅游的管理和服务工作。

2.2.2 全域旅游视角下遗产廊道的构成要素

1. 遗产廊道的要素构成分析

在全域旅游视角下,遗产廊道的构成要素可分为空间形态和功能要素两类,其分别反映遗产廊道的空间和功能特征。

(1)空间形态要素。

遗产廊道的构成要素按照空间形态可以分为轴线、增长极及沿线区域。轴线作为遗产廊道形成的必要前提条件,发挥着聚合的作用,它可以是交通路线、连绵的山谷、河流、海洋、湖泊岸线等各类线性物,遗产廊道轴线构成了遗产廊道旅游开发的空间框架,在旅游开发中起着纽带作用,并为游客提供客流通道;增长极是指遗产廊道区域内的中心城镇,它同时作为旅游资源地和客源市场,在遗产廊道旅游开发过程中发挥着重要的作用,它是旅游中转站,为旅游企业和旅游接待服务提供场地,为游客的各项旅游活动提供载体,为遗产廊道旅游开发提供技术、资金、培训、组织、管理和宣传等保障服务;沿线区域是指在遗产廊道轴线周围的旅游资源地,其既包括已经建成的旅游资源景区,也包括尚未开发的自然旅游资源地,沿线区域的旅游资源构成了遗产廊道旅游开发的必要基础条件,为遗产廊道可持续发展提供了动力,沿线区域的旅游资源可以是不连续的,但是其需要集中于遗产廊道轴线周围,形成一个由旅游资源轴线串联的带状区域。

在遗产廊道区域内,各个旅游要素应整合发展,合理安排遗产廊道要素的空间组织形式,将遗产廊道本体要素作为区域的发展轴,以轴线周围密切联系、相互作用的各类旅游资源作为依托,以不同等级的旅游中心地作为增长极,对旅游相关各要素资源进行整合,形成遗产廊道带状区域旅游系统。

(2)功能要素。

遗产廊道的功能要素可以分为4个核心系统:遗产资源、其他资源、解说系统、游憩系统。

遗产资源包括整个遗产廊道内与中东铁路功能、历史相关联的文化遗存,强调对遗产资源的保护和利用是遗产廊道保护的核心理念;其他资源强调对遗产的衬托、与遗产的联系,以及对自然环境的保护;解说系统向居民和游客解释遗产廊道及资源环境的历史演进、主题特色和文化内涵,遗产廊道的构建首先应确定解说内容、解说主题及解说方式;游憩系统是为实现遗产廊道保护、旅游和管理而构建的慢行交通系统,也可用于居民的游憩活动。在全域旅游视角下,遗产廊道的功能要素除以上4个系统外,还包括相关行业、全民(居民、游客和旅游从业人员)、政策和资金3个辅助支持系统,如图2.2所示。本

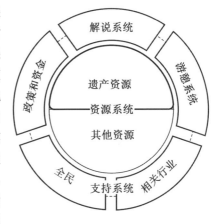

图2.2 全域旅游视角下遗产廊道系统构成模型

书基于全域旅游视角,分析遗产廊道的功能要素构成,将遗产廊道整体划分为资源系统和支持系统两大系统:资源系统作为遗产廊道保护与利用的对象,包括遗产资源、其他资源等;支持系统作为实现遗产廊道保护与利用的驱动力,包括游憩系统、解说系统、相关行业、全民、政府和资金等。

遗产廊道支持系统是连接、整合资源系统,使遗产廊道能够发挥整体作用的关键子系统,是系统的协调器,主要起到对系统的协调、控制作用,可优化系统的结构、增强系统的向心力。由于本书主要研究遗产廊道空间格局构建,因此,解说系统和游憩系统是本书研究的核心,其他3个支持系统则作为参考因素。资源系统构成将指导遗产廊道资源的判别与登录,支持系统将指导遗产廊道的空间格局构建。全域旅游视角下遗产廊道要素系统解构如图2.3所示。

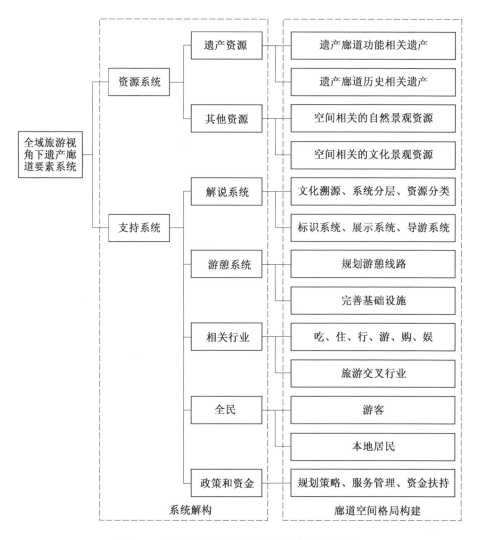

图 2.3 全域旅游视角下遗产廊道要素系统解构

2. 遗产廊道的要素关联性分析

全域旅游视角下的遗产廊道旅游资源体现了多元共生的多样性特征,其包括遗产廊道内的遗产资源、自然资源和一切可利用的人文资源,多样性体现为资源构成要素的丰富性与复杂性,目的是满足日益发展的多样性旅游需求,满足游客对旅游目的地的全面体验需求,遗产廊道的可持续发展也要求其资源具有多样性特征。全域旅游视角下的遗产廊道系统的各要素之间相互影响、相互依托、相互制约,其是一个协调共生、相互作用、供需平衡的动态有机整体。

（1）协调共生。

遗产廊道旅游发展的关键是使遗产廊道的资源系统与自然、社会系统形成良好的互动关系,这种关系只有在整体的系统框架下才能发挥良性的作用。中东铁路遗产廊道资源系统层次丰富、要素多样,这一资源系统结构呈现的层次性体现为其包括多层次子系统,系统内各构成要素之间的关系也是错综复杂的,有时体现为相互促进的关系,如遗产廊道资源环境的改善有助于增强建设者的信心,反过来经济效益的提高又会增加改善环境方面的投入;有时在特定的条件下诸多构成要素之间又存在着明显的矛盾关系,如遗产资源的保护与短期经济效益之间存在矛盾性,保护中东铁路遗产能够有效地传承区域文脉,但同时也意味着对开发容量和短期经济效益的限制。另外,系统要素间的各种关联也呈现出层次性的特征,有主要问题与次要问题之分,问题的解决有先后次序,如城市发展与遗产廊道资源的协调、遗产廊道资源间的发展次序。中东铁路遗产廊道旅游系统如此复杂的结构说明整合必须坚持整体的原则,从全局出发,统筹安排,坚持不同层面、不同特征要素之间的协调发展,以保证资源的整合可以维护与促进系统有序发展。

全域旅游视角下中东铁路遗产廊道的系统性和整体性,具体表现在两个方面。一是体现在与东北地区的关联上,可以借中东铁路遗产廊道资源整合来推进东北地区旅游发展布局、完善结构体系、改善公共空间和生态环境。中东铁路遗产资源的功能转化将为区域旅游提供新的发展契机,满足旅游发展新需要。二是体现在中东铁路遗产廊道的系统层面上,要将其视为一个整体,努力实现社会、经济、文化、空间要素之间的相互促进与协调发展。

（2）相互作用。

自然环境是中东铁路遗产廊道旅游系统研究的基础和背景,其主要包含自然气候条件、地理环境、植被等。中东铁路东西横贯20个经度,分布在暖温带、中温带和寒温带3个温度带,自西向东跨越高原山地、平原、山地丘陵3种地貌类型。区域自然环境使东北各城市的旅游产品表现出不同的资源特征,同时也影响着遗产廊道旅游资源的保护与利用方式。

社会环境也是中东铁路遗产廊道旅游系统的重要影响要素,其主要包含政策法规、行政区划、市场运作、规划编制、生活方式、公共参与等方面。在中东铁路沿线,公众长期以来缺乏遗产保护意识,同时也缺少公众参与的遗产保护模式,导致遗产保护的社会基础薄弱。在经济高速发展、城市化进程与城市更新不断加快的背景下,城市发展与遗产保护的矛盾日益突出。随着遗产保护尺度的不断扩大,涉及的部门也越来越多。在中东铁路遗产廊道区域内需要建立一个全要素、全时空、全面体验、全民和全部门的遗产保护与利用系统,充分发挥遗产廊道资源、各个部门和居民的积极作用。

在市场经济条件下开展中东铁路遗产廊道资源的保护与利用必然会遇到各种所有权问题,很多中东铁路遗产归属于铁路部门,社会力量投资受阻,中东铁路遗产保护为单一的政府行为,缺乏群众基础。面对众多的遗产保护对象,长时间的资金缺乏和使用者维护热情的缺乏,导致很多中东铁路遗产只能任由自然腐蚀和人为破坏。

(3)供需平衡。

所谓遗产廊道旅游系统的供需平衡,指的是支持系统存在与发展的各个子系统,以及各种内、外环境因素,保持着动态平衡的比例关系,即全域旅游视角下遗产廊道旅游产品与游客、居民的旅游需求平衡,以及相应的政策、资金与系统各要素的发展需求平衡。在这种动态的平衡体系中,各系统要素互为条件、互相依存、相互促进,形成一种良好的平衡,平衡是系统各要素合力的结果。平衡状态就是遗产廊道旅游系统中的资源系统和支持系统的供需关系总在不断地进行着打破旧的平衡和形成新的平衡的过程,使得遗产廊道旅游系统不断健康稳步发展,供需关系总是处于趋于平衡的状态。通过政策导向、资金扶持、资源整合、发展规划等策略来实现各要素间保持和谐、全面、稳定、长久的系统态势,这是一种渐进式的健康发展方式。

2.2.3 全域旅游视角下廊道格局构建的原则

本书以遗产廊道旅游空间格局构建为目的,以全域旅游作为研究视角,指导中东铁路线性遗产的保护与利用,以区域竞合理论指导遗产廊道整体发展策略;以点轴开发理论结合增长极理论指导遗产廊道区段层面具体空间格局的构建;以游憩地理学指导遗产廊道城镇层面具体遗产网络空间格局的构建。全域旅游视角下中东铁路遗产廊道空间格局构建的原则如下。

1. 全域整体规划

全域旅游注重景区、景点及酒店等的系统性。中东铁路遗产廊道需要进行旅游开发,但要以合理规划空间布局为前提,而不是随意在遗产廊道内增建景区、景点及酒店等。通过对遗产廊道空间区段的划分,明确各区段的资源特色定位,深化各区段的特色景观和文化的开发,以实现中东铁路遗产廊道旅游竞争力的整体提升,而不是生搬硬套地模仿、复制其他区段成功的旅游产品,促进遗产廊道旅游产品保持多样性、优势互补、统筹竞合发展。全域旅游视角下的中东铁路遗产廊道旅游发展过程中,景区、景点和酒店的建设和管理仍然是必要的,而且要提高质量,但是在初始建设阶段,应通过充分分析遗产廊道旅游发展现状进行合理规划。遗产廊道的全域旅游空间格局要从系统可持续发展角度,进行分区域、分层次、分阶段统筹建设,而非到处圈地设景和建设酒店等。

2. 资源保护优先

推进遗产廊道旅游发展,需要对遗产廊道内的遗产资源和自然资源进行保护式开发,而非无限度地肆意开发。同时,遗产廊道旅游资源的开发性保护模式,需要优先考虑环境资源与旅游发展的适应性问题。通过科学的规划设计,优化旅游资源、旅游产品功能、旅游支持要素,优化遗产廊道旅游系统各要素,以充分发挥遗产廊道的系统功能,避免对遗产和自然资源的过度索取,最终实现遗产廊道旅游资源的有效保护,最大限度地保留遗产廊道的自然和历史文化景观,实现核心资源和生态环境的保护,减轻核心景区、景点承载的压力,促进遗产廊道全时空发展。通过设施、要素、功能3个方面的空间布局优化,实现遗产廊道旅游吸引力最大化。遗产廊道是以保护自然与文化景观、服务大众为发展宗旨的开放性带状区域旅游空间系统,是在资源保护的前提下以旅游促进发展的综合系统。因此,遗产廊道的旅游开发应该在资源保护的前提下,实现资源保护、振兴区域经济、居民休闲、文化旅游与教育等多重目标,将区域作为整体对待。

3. 全行业统筹发展

传统景点旅游模式向遗产廊道全域旅游新模式的转换,需要从以下几个方面着手:以综合统筹管理遗产廊道取代原有的单一景区、景点的建设管理,打破景区内外的管理屏障,实现多部门和多项规划合并,实现一体化公共服务管理、旅游监管网络全面覆盖;从以往单一的门票经济转向适应旅游业发展需求的产业经济;从粗放式旅游模式转向精细化旅游模式,实现遗产廊道整体旅游品质的提高;从旅游系统封闭的内部循环转向"旅游+"的系统发展模式;从旅游企业发展旅游产品转向多个行业共塑旅游形象。在全域旅游概念下,旅游发展不是孤立进行的,是在市场的指导下由多个产业共同促成的。产业之间相互交叉、相互渗透、互相促进,彼此协调发展,并以此弥补自身的不足,部分产业之间甚至通过刺激良性竞争激发旅游产品创新和服务质量提升,以形成全新的优质旅游产品组合。旅游业可以牵头,横向融合,挖掘遗产廊道内其他特色产业资源,发展产业交叉的特色旅游产品。全域旅游视角下中东铁路遗产廊道空间格局的构建,要根据各个区段的实际情况,融合区域旅游相关行业,完善遗产廊道的旅游基础设施、提升区域综合服务水平,制订特色优先、重点突出的构建策略。

4. 强化资源特色

全域旅游视角下的中东铁路遗产廊道旅游发展不是整体区域的盲目发展、齐头并进,而是打造旅游产品的核心竞争力,深度挖掘已发展较好的资源,重点发展具备竞争优势的特色资源,打造全域产品特色,挖掘遗产资源的历史文化背景,强化遗产廊道的文化差异性。全域旅游视角下的遗产廊道旅游发展也需要融合周边的其他旅游资源,包括不同类型的自然景观和人文资源,其需要与中东铁路遗产资源共同发展,相互促进和补充,这样才能促使遗产廊道旅游资源在当下旅游市场的激烈竞争中更具竞争力和吸引力,将资源置于更广阔的文化背景下保护和利用,同时,也才能把中东铁路遗产转变为鲜活的旅游资源,为区域旅游发展所利用,将特色的旅游资源发展为完善的旅游产品。中东铁路遗产廊道内的城镇大都具有丰富的文化底蕴,这些城镇的旅游发展需要进行文化特质的全面梳理,在共性的发展过程中找到各自的个性特征,进一步深化文化景观特色建设,文化景观特色的梳理和深化的过程需要与城镇的环境背景和历史紧密联系。

5. 旅游服务全民

中东铁路遗产廊道内的居民是在全域旅游视角下除了旅游资源及其所处自然环境之外需要考虑的另一个要素。中东铁路遗产廊道的文化底蕴可以体现在不同的遗产上,同时也可以通过当地居民的生活方式、行为习惯、语言特色、文化导向得以体现。遗产廊道内的居民也是遗产廊道文化的重要载体,他们对区域文化有长时间的记忆和体验,与当地居民接触是游客实现对区域全面体验的重要渠道,居民是游客了解遗产廊道地域文化的重要媒介和信息源,游客并非仅仅以导游的传播为媒介,通过居民来体验的区域文化特色更加生动、直观。在全域旅游视角下,游客和居民并没有清晰的界限,他们之间的身份可以相互转变。遗产廊道旅游系统服务的不仅仅是外地以旅游为目的的游客,还有本区域以休闲为目的的居民。全域旅游将使遗产廊道区域环境质量得到提升,当地居民能够享受到高品质的生活环境,当地居民与外来游客共同组成全域旅游目的地的使用者,这样能够更切实地提升游客体验的真实感和深入程度。全域旅游要充分考虑遗产廊道内的居民权益,将当地居民所需放在重要的位置,消除游客和居民、景区内外的二元对立局面。旅游发展要为区域内的全民服务,同时,全民共同努力实现遗产廊道的全域旅游发展。

6. 管理系统整合

政府管理在全域旅游的建设中具有重要作用。中东铁路遗产廊道旅游业的整合发展,需要各级行政管理部门达成多边协议。随着竞合的深入和制度的完善,应该逐渐形成完善的竞合机制,并使其具备法律约束力。这需要遗产廊道内各级行政管理部门在如下方面积极努力:一是努力消除各区之间的障碍,以遗产廊道旅游发展为导向,合理配置旅游资源,使旅游系统的可移动要素真正实现在全域无障碍流动,包括资金流动、信息交换、技术交流等,遗产廊道所建设的应该是一个更加开放、包容、公平且透明的市场。二是努力实现遗产廊道旅游产品及活动跨行政区域化。中东铁路遗产廊道跨越东北地区 4 个省、36 个市县,遗产廊道旅游发展需要各级政府统筹规划,做好顶层设计,使旅游基础设施合理共享,全面共建旅游环境安全、生态环境优越、行业监管得当的全域旅游产品。三是努力实现旅游资源优势互补,各级政府统一规划各项旅游资源,协商解决问题,优化政策体制。四是努力完善管理系统,实现各行政区地方规定的整合统一,形成有指导意义和实践依据的制度体系。

2.3 遗产廊道空间格局构建理论与方法

2.3.1 遗产廊道认识的相关理论

1. 文化起源与传播的相关理论

文化地理学作为文化学的重要组成部分,是一门以人类文化空间组合为研究对象的学科,它也是人文地理学的一门分支学科。在研究范畴上,文化地理学研究地域文化现象的分布规律、空间组合形式、发展演进机制。同时,文化地理学还对文化景观进行系统的研究、分析,研究文化的起源时间、起源地域,研究文化的传播、涵化途径。文化地理学还将文化与生态环境的关系、环境的文化评价作为重要内容进行研究。文化地理学研究有深远的意义,它能够深入阐释不同地域中人类活动的形式、社会活动的特征、人类对景观的改造方式,以及景观改变对人类社会产生的影响。文化地理学侧重于研究人类和地理环境间的相互影响和作用,在分析相互影响的现象及其原因后,阐释区域文化的继承性特征。此外,文化地理学的研究对象还包括文化和自然环境的相互作用关系,以及社会组织的制度文化。

文化地理学经过长时间的发展,逐渐形成了文化生态学、文化扩散、文化传播、文化区及文化景观5个研究主题。文化生态学研究的主要问题是自然条件对文化区的决定性;关于文化源地研究的是文化起源地域;关于文化扩散主要讨论的是不同文化进行传播和扩散的途径,以及传播后的地域文化改变;关于文化区主要阐释不同地域文化形成后,整个区域形成的文化形式特征;文化景观则作为主要的切入点,对上述研究对象进行全面的探讨。本书重点采取文化地理学的文化景观研究方向,研究中东铁路文化景观发展在文化源地、文化传播和文化区3个方面表现的文化载体特征,探讨中东铁路遗产廊道文化景观的形成原因、文化在中东铁路遗产廊道区域发展过程中所起的作用,以及中东铁路遗产廊道景观特征的文化继承性。

2. 遗产廊道解构的相关理论

系统论是运用逻辑学和数学方法研究一般系统运动规律的理论。系统论站在系统的角度,客观揭示事物之间相互联系的规律,系统论的基本概念包括系统、层次、结构、功能、反馈、信息、平衡、突变和自组织等。系统论被广泛应用于不同类型的综合系统或子系统研究中,能够有效指导研究各类系统的模式、原则及规律,以数学形式对各个系统的结构和功能进行描述。系统论强调整体与局部、局部之间,以及整体与外部之间相互联系的机制。系统论具有整体性、动态性和目的性三大基本特征。系统论的指导思想是整体性,研究问题时将各个要素及各个子系统整合起来进行研究、考察,符合马克思主义关于物质普遍联系的哲学原理。

不同学科存在研究范围、研究侧重点的不同,因此它们对系统科学的定义也不同。钱学森根据系统科学中的技术层面给出了关于系统的定义:"系统是由相互制约的各部分组成的具有一定功能的整体。"从定义可以看出,钱学森对系统的功能性,强调的是实现手段,目标是实现特定功能。而奥地利著名理论生物学家、现代系统研究开创者贝塔朗菲则从基础学科的层面对系统做出了定义:"系统是相互联系、相互作用的诸元素的综合体。"这个定义是目前使用范围最广的。由定义可知,系统论主要研究的问题是如何实现整体化,分析系统结构,即研究如何将各个元素联合起来、元素之间的关联方式、各个层级系统间的关联方式。系统往往包含众多元素,越复杂的系统包含的元素种类也越多,元素之间彼此按照某种特定的规律联系在一起,形成了系统内部的若干个子系统,它们既具有相对独立性,又具有共同的特征。

复杂化、大型化及日益多元化是当今时代遗产保护的发展趋势,如此大规模的跨区域遗产保护,如果在理论上缺少科学的研究,在实践上又缺乏理论的指导,将导致在区域遗产保护工作当中出现盲目性与随意性。如何解决当下跨区域遗产保护的困难,用现代系统理论进行指导是分析与解决问题的一个极为有效的方法,从而可在很大程度上避免出现对区域遗产的随意与盲目的保护措施。

本书应用系统论对遗产廊道的解构包括两部分:遗产廊道空间层次化解构;遗产廊道构成要素解构。综合整体性、有机关联性、动态性、有序性和目的性是一般系统论最基本的出发点,同时也是遗产廊道系统最重要的5个基本特征。系统论是研究遗产廊道系统的强有力的工具。本书依据系统论的系统层次性原理建立中东铁路遗产廊道空间格局的分层体系,将遗产廊道分为城镇、区段、整体遗产廊道3个空间子系统。中东铁路整体遗产廊道系统可以划分为4个区段子系统,遗产廊道区段系统又可以划分为若干个城镇子系统。

2.3.2 遗产廊道空间格局构建的相关理论

1. 竞合理论

竞合理论是20世纪90年代由美国耶鲁大学教授亚当·M.布兰登勃格(A.

M. Brandenburger)和哈佛大学教授拜瑞·J.内勒巴夫(B. J. Nalebuff)在《合作竞争》一书中首次提出的。竞合理论主要是指为了共同创造出更大的饼而合作,为了瓜分这块饼而竞争。博弈论是两位学者提出竞合理论的理论基础,他们将波特行业竞争结构模型融入企业合作与竞争关系的分析中。所谓的"饼",在竞合理论中主要是指商业利益。竞合作为一种理念,融合了竞争与合作,强调商业竞争中利益相关者不必置对方于死地,同时在合作中也不应只考虑自身的利益所需。竞合理论的优越性在于利益相关者在取得自身利益的时候,可以通过合作创造更大的经济利益,而在分配利益的时候再互相进行竞争。竞合理论是在同一个领域内进行应用的,并不是在一个领域内竞争而在另一个领域内合作。

区域竞合是指在竞合理论的指导下,区域利益相关者为共同利益而合作,同时通过竞争进行利益分割。在整个区域的竞合过程中,竞争与合作共存,合作是为了优势互补,以更低的成本和高效的方式创造出更大的利益和影响,然后通过竞争划分利益的份额,在这一过程中会激发区域自身发展的潜力,以实现区域整体竞争力的提升。

竞合理论有以下几个主要特征:一是整体性。区域竞合需要将区域内的各个主体进行整合并统一规划,通过对整体现状的分析而制定统一的发展目标。在竞合中,区域各组成部分需要具备整体性的观念,在制定局部发展决策的过程中,统筹考虑其他主体的决策及自身的优、劣势,同时考虑自身决策对竞合伙伴所产生的影响,综合判断,实现区域整体共赢。二是互动性。互动性需要贯穿于整个合作与竞争过程之中,无论是主体之间的竞争过程,还是主体之间合作时的互相交流、协商的过程,都体现出主体之间的互动性。三是趋利性。利益获取是主体之间竞争或合作的原始驱动力,趋利性是保持各个主体共赢的基础条件。四是依赖性。各个主体加入竞合系统之后,将不再单独行动,为了获取更多的利益,区域内各个主体之间往往相互依赖,不仅考虑自身发展的需要,更要考虑个体发展在整体之中所发挥的作用,综合考虑个体和整体的发展需要来制定决策。博弈论是竞合理论的基础,单纯的竞争使双方分别盈利与亏损,是一种零和博弈。竞合理论与博弈论的不同之处在于其更多体现的是一种合作共赢。在市场化的需求下,利益相关主体为了实现更大的利益共赢而进行联合、相互依赖、协同发展,共同巩固在市场中的优势地位;而在分配利益时,利益主体在资源、技术、市场等要素中进行博弈,为了在这一过程中得到更多的利益。这一竞争中带有合作、合作后进行竞争的过程能够有效激发个体的潜能,实现个体利益增长和区域共赢。

现代旅游经济发展迅猛,这种高效、快速的发展节奏必然激发利益相关者之间的区域竞合。不同利益相关者的竞争与合作,能够有效地对资源进行整合,打造出更具竞争力的旅游产品,旅游者能够享受到更好的旅游体验;能够打破旅游业原本独立发展的局限性,整合区域内的旅游资源,获得更多的利益。

区域竞合发展符合中东铁路遗产廊道旅游区域范围广且多元化的发展趋势,其也是一种区域性可持续发展策略。全域旅游视角下的中东铁路遗产廊道资源通过竞合策略能够实现将个体融入整体,又不失个体的特色,可以根据不同个体的特色从宏观上制定具有吸引力的旅游路线,从而满足不同游客的需求。竞合发展将打破旅游产业单打独斗的局面,在整体和宏观上进行控制,从而实现整体区域的利益最大化。

2. 点轴开发理论

点轴开发理论在增长极理论的基础上发展起来。点轴开发理论指导下的点轴开发模式包括点和轴两部分。在区域旅游发展中,增长极发挥了重要的作用,但同时也存在着其他的点,旅游增长极与这些旅游资源点在旅游发展过程中相互影响,主要体现在3个方面。一是旅游资源点能够将旅游发展所需要的资源要素提供给旅游增长极,同时这些旅游资源点也释放了自身的旅游发展潜力,它们在这一过程中同样提高了旅游经济收益。二是旅游增长极能够刺激周围旅游资源点的开发,旅游增长极的有效发展为周边旅游资源点提供了生产资料和生产技术,使旅游业得到全面的发展。三是随着整体旅游产业的发展,增长极与周围旅游资源点的相互联系更加密切,相互的依赖性更强,整个区域旅游产业也会随之得到发展,区域旅游影响力逐步增强。

旅游产业在发展过程中不断对理论、方法提出新的要求,在旅游增长极和周围旅游资源点相互联系的过程中,通过动力供应、交通流线、通信线路的连接形成发展轴线,轴线的形成和发展能够改良沿线地区的旅游区位条件,也能够更好地吸引人口和产业要素向轴线聚集,在这样的刺激下,沿线地区非常易于形成新的旅游增长点,随着这些点数量的逐渐增多、质量的逐步提升,会形成旅游区域的经济活动聚集区。点轴开发往往是针对地理片区进行的,与单纯的增长极开发相比较,这种开发模式能够对区域旅游发展布局产生更强的推动作用。区域旅游的点轴结构有较为显著的特征,它集中体现在在轴线上流动或集散的旅游者、信息及资本等要素上。旅游者、信息和资本要素的合理流动,能够全面推进区域旅游发展。

遗产廊道旅游是一个系统的开发过程,整体开发需要经历不同的发展阶段,各个阶段遗产廊道的整合形态显示出不同的状态,但是从整体上看,遗产廊道的整合形态呈现出递进性特点。遗产廊道旅游开发主要可以分为两个阶段,第一个阶段为增长极模式,这一阶段属于遗产廊道的起步阶段,一些高级别、高遗产价值的城镇形成增长极,这些增长极与本区域的旅游要素整合发展,吸引周围的旅游资源,形成新的旅游产业形态,增长极的辐射区域不断扩大。在这一阶段中,遗产廊道表现出斑块型整合形态。第二个阶段为点轴式模式,属于遗产廊道的发展阶段。在这一阶段中,由于增长极不断壮大,增长极能够影响的区域也已经达到一定的规模,连接各个增长极的中东铁路形成了旅游发展轴,发展轴承担着至关重要的作用,是区域发展的核心纽带和交通主干,能够强有力地吸引游客,并使自身的发展潜力逐渐被挖掘。发展轴的不同要素相互连接、协同发展,与增长极一起形成区域范围更广、服务质量更高、旅游资源更丰富的旅游产品,轴线区域内会形成多个文化遗产旅游中心地。在这一阶段中,增长极之间进行系统融合渗透式发展,形成遗产廊道旅游开发的整合形态。

3. 游憩地理学

游憩地理学研究的主要方向有:游憩的起因及其地理背景,游憩主体的地域分布和移动规律,游憩资源的分类、评价、保护和开发利用,游憩空间布局和建设规划,游憩区划和游憩路线设计,游憩及相关行业发展对区域旅游的影响等。

游憩地理学主要的研究内容是景观游憩模式及过程,根据其研究内容,可以从3个角度理解游憩地理学。

一是景观的概念。游憩地理学中提到的景观是广义的景观,包括地球表面我们大多数时候能看到的景象,此外,景观的概念还涵盖很多非具象的内容,这些内容可以是人类对资源的利用、人群的迁移、政治疆界等,也可以是地域分异的类型、气候特征或产业类型等,还可以是社会组织模式、人类的价值观等非可见事物,它们都在景观这一大概念的范畴之内,并且占有重要的地位。在游憩地理学的研究领域内,景观具有主动性,也具有被动性,它能够对人类的活动、社会的发展产生影响,同时其自身也受到人类活动及社会发展的影响。

二是游憩的概念。游憩的概念被旅游学领域广泛研究,是游憩地理学研究的基础,也是其研究的难点。关于游憩,多年来备受学界争议,社会科学家和哲学家提出了众多的定义,但至今尚未达成共识。游憩虽然没有权威性的定义,但是研究者或公众对游憩有一个直觉上的定义,其是对游憩的理解的表达,在地理学家看来,研究游憩则需要在研究课题下以最实用的形式对其进行定义。然而,对游憩仅仅进行定义并不能解决我们所面对的实际问题,面对实际问题时,游憩更多时候充当的是开展系列活动的清单的角色,我们通过充分观察土地的利用形式,提出人类利用土地的途径。游憩这一概念的宽泛程度不亚于景观,我们通常所说的"旅游""娱乐""运动""游戏"甚至"文化"都属于游憩范畴。

三是研究系统。游憩地理学的研究系统具有多样性特征,通常状态下,研究者会围绕一系列重要的社会问题展开研究分析,但针对某一特定问题的研究方法会因为时间变化而不再奏效,同时也受到地区差异性的影响。研究者根据过往研究,系统总结相关经验,得出研究方法,但其受到时间和空间的限制。本书研究所采用的方法,更多考虑了全域旅游视角下的全时空、全域理念,不是简单的事实罗列,而是集中分析中东铁路遗产廊道城镇遗产游憩网络空间格局构建问题,更强调解决问题的方法。我们希望本书的研究成果和采用的方法可在实际生活中得到应用。

2.3.3 遗产廊道空间格局构建的相关方法

全域旅游视角下的空间格局构建由以下几个基本步骤组成:收集和处理资源数据,进行资源分类和评价,对评价结果进行分析,最后利用分析结果指导空间格局的构建。空间格局构建通过分析要素的相关评价指标来实现量化。全域旅游视角下空间要素分析的最终目的是通过对资源要素空间格局与异质性的分析,建立空间格局与区域旅游发展过程的相互映射关系,以加深对旅游过程的理解。本书关于空间格局的研究以3S技术为基础,以全域旅游为视角,基于资源要素的空间位置和形态特征,分析空间分布、过程和发展规划之间的相互关系。空间格局构建的方法可以分为两类,即空间格局要素评价指标分析和空间格局构建模型分析。评价指标分析是空间格局构建的前提,空间格局评价分析需要运用各种量化的指标来描述和评价空间结构;评价指标是反映研究对象空间分布特征、空间结构组成的量化指标;评价指标是衡量区域景观质量的重要参数,也是进行区域环境规划、管理和恢复的重要依据。通过空间格局评价指标的分析可以了解空间格局现状和构建旅游空间格局等,评价指标包括聚集度、优势度、丰富度、多样性、地域分布特征等。本书评价指标的数据来源主要包括基于3S技术的实地调查数据和历史文献资料,主要工具有GIS技术、Python软件,以及文化地理学、统计学方法。这些空间量化研究方法为建立空间结构与功能的相互关系提供了有效手段。

1. 基于3S技术的遗产调研与数据分析

3S技术作为21世纪广泛应用的技术,在遗产调研与数据分析中发挥了重要作用。3S技术的发展,使得遗产廊道这类跨区域大尺度的遗产的空间格局量化研究得以实现。地理信息系统(GIS)融合了地球科学、环境科学、信息科学、计算机、管理学等众多学科的知识。地理信息系统能够准确提供研究者需要的各种动态空间地理信息,其通过对地理空间数据的整理,实现对相关数据的管理、提取、分析及模拟,并最终显示到GIS平台上。目前,众多学者广泛应用该技术,有效对景观空间格局进行监控,并取得实测数据。GIS平台能够为研究者提供多项支持,除基础的空间数据收集和管理外,还可以应用其进行景观空间格局的描述、各项景观指数的分析模拟、空间网络格局优化及规划图的绘制等。

GIS平台具有强大的空间格局分析能力,具体功能如下。其一,GIS平台具有强大的存储功能,并能够将零散的资料统一整合,可以将数据资料和图像资料融合,便于长期使用和保存。其二,GIS 平台能够高速处理数据,研究者不需要进行复杂的数学应用,只需简单操作便可以建立空间模型框架和分析空间格局。其三,能够提供多样的输出形式,能够直观地把空间格局的分析结果用图示化语言加以表示。但是,这样的方法也同样存在一些问题,如数据的来源与准确性对研究的最终结果影响巨大,因此除 GIS 外,还需要与 RS 和 GPS 技术结合,三者配合能够得到更精确的数据分析结果。

RS 技术是对地理空间信息提取、认知并表达的一种实用性极强的技术手段,它并不与被测对象实际接触,而是通过不同的传感器装置获取被测对象的信息特征。这一方法能够获得更大范围的信息,同时能够提供不同时间、不同波段的地理信息,还可以根据研究需要提供不同时序、不同尺度的数据。RS 技术与传统的信息资源获取方法有显著区别。其一,它能够避免重复性观察,因为其数据获取手段不是直接接触被测对象,所以能够避免观察者对研究对象的干扰。其二,能够获得大格局数据,而传统方法很难获得。其三,具有高度的可调控性,能够在不同观测高度、不同光谱、不同空间分辨率上提供实际所需的多样化资料。其四,符合景观研究的结构、功能和动态数据形式的要求,遥感数据提供的空间数据信息与地理位置能够有效对应。近年来,遥感技术的迅速成熟和广泛应用极大地促进了相关研究的发展,特别是使得区域景观定量研究和空间格局动态分析深入进行,在同 GIS 平台结合使用时,能够完成多项空间模型建立的基础研究。

GPS 是指全球定位系统,能够实时、连续提供高精度的三维位置及时间数据。它不同于 RS 技术,RS 技术的成像机理和聚类分析有一定的绘图误差,并且在研判波段信息时仅具有示意性,并不能够提供清晰化的边界。GPS 技术则能够准确量化,提供高精度的地理坐标,能够为遥感图像的位置校正、地面控制点坐标校正提供有利的帮助。在本书的空间格局构建中,GPS 发挥了重要作用,包括遗产分布图和航空卫星图像的定位和校正。

2. 基于层次分析法的廊道资源评价

层次分析法能够对特定的复杂问题进行拆解,以深入分析复杂问题的本质及影响因素,在分析复杂问题的内在关系后,得出信息量化结果,这种方法能够为一些复杂问题,特别是具有多目标、多层次、多准则的复杂问题提供解决办法,适用于决策结果不容易被准确计量的复杂的系统问题。层次分析法能够将复杂问题层次化并提出解决策略,其逐层比较各个影响因素的重要性,通过数据化为决策提供定量依据。

层次分析法先是根据所要达到的目标对解决问题的影响因素进行分层分

析,再根据影响因素的从属与影响权重关系,组合成规则、有序并具层次的结构模型。根据模型分析各层次要素,进行重要性判断,再利用数学方法或软件模拟确定各个层级要素的权重。最终,根据各层次要素的权重值来对决策进行评价。

层次分析法对问题进行分析一般包括以下6个步骤——明确问题、建立层次结构模型、评价判断矩阵、层次单排序、层次总排序、一致性检验,其中后3个步骤在后文的分析中依次进行,故在此不再赘述。下面以运用层次分析法分析中东铁路各城镇的旅游发展潜力为例,分析层次分析法应用的具体步骤。

(1) 明确问题。

运用层次分析法建立中东铁路遗产廊道各城镇的旅游发展潜力评价体系,要明确3点:首先要确定遗产廊道所包含的遗产类型及各类型相互之间的关系;其次要确定城镇内的遗产数量,便于了解各个城镇遗产的规模大小;最后要调研各类型遗产的现存情况,确定各遗产类型的保护价值。

(2) 建立层次结构模型。

层次结构模型的目标层的建构目的是对遗产廊道城镇进行分级,包括两类重要评价指数:城镇遗产资源结构、城镇交通可达性。经过对城镇遗产构成要素的分析确定评价指标的内容,遗产廊道的城镇遗产资源结构包括4个评价指标——遗产资源数量、遗产资源类型丰富度、遗产资源平均品质和遗产资源空间聚集度;遗产廊道的城镇交通可达性包括2个评价指标——城镇区位、城镇通达性。

(3) 评价判断矩阵。

利用标度法对指标进行两两比较,评价指标之间的相对重要程度,并给出相应的标度值,得出各层次指标的判断矩阵,标度的意义见表2.1。

表2.1 标度的意义

标度	意义
1	A 与 B 同等重要
3	A 比 B 稍重要
5	A 比 B 重要
7	A 比 B 明显重要
9	A 比 B 非常重要
2,4,6,8	为上述两判断级的中间值
1,1/2,…,1/9	A 比 B 的重要程度与其倒数意义相反

注:A、B 代表两个不同的指标。

3. 基于蚁群算法的廊道资源聚集度分析

(1) 蚁群算法与旅行商问题简介。

化学通信是蚂蚁采取的基本信息交流方式,在自然界中,蚂蚁能够相互协调、分工,最终找到食物源与巢穴之间最短的路径主要是靠蚂蚁分泌的信息素完成的。信息素控制着蚂蚁的众多行为,单只蚂蚁力量单薄,而信息素能够指导蚁群共同执行任务。

蚂蚁大多会在食物源和巢穴之间以接近直线的路径往返,可以用图2.4的模型进行解释。假设有许多只蚂蚁从巢穴出发到达食物源,每只蚂蚁通过一条路径到达食物源时会在该条路径留下信息素(也就是蚂蚁分泌的化学物质),每条路径上蚂蚁的数量与信息素的浓度成正比,在初始时刻因为A和B两条路径上没有任何蚂蚁,所以A和B路径上信息素为零,因为蚂蚁是通过信息素浓度来选择路径的,因此一开始蚂蚁是随机选择的,按照概率相等的原则,第一批通过路径A和路径B的蚂蚁数应该是相等的,假设每只蚂

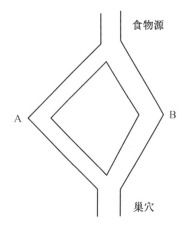

图2.4 蚁群觅食的双桥实验示意图

蚁的速度是一定的,而且蚂蚁到达食物源后也要回到巢穴,过了一段时间后通过B路径的蚂蚁肯定比通过A路径的蚂蚁数量要多,因为B路径较短,蚂蚁在单位时间、相同的速度下往返次数多,所以通过路径B的蚂蚁数量比通过路径A的蚂蚁数量要多,路径B上的信息素也就多,蚂蚁也就更倾向于选择路径B。通过这种反馈,在路径B上行走的蚂蚁会越来越多,很长时间以后,绝大多数的蚂蚁会选择路径B,这也解释了现实中的现象。

蚂蚁算法是人类受自然界中蚁群集体行动的行为启发,总结出的用来在图中寻找最优路径的算法,在具体算法中,所定义的人工蚂蚁(即计算机中的虚拟蚂蚁)和真实蚂蚁有众多共同点。

真实蚂蚁和人工蚂蚁都是以改变所处环境为目标进行信息交流的,真实蚂蚁的信息素用人工蚂蚁的路径储存数字信息代替,能够将信息量定位于不同历史的性能状态,并且人工蚂蚁后续可以根据性能状态继续编写信息。蚁群的这一信息化交流形式和指挥形式改变了它们所经过环境的信息,它们也将其作为重要的历史信息进行函数形式储存。蚁群算法与时间密切相关,在路径上会改变不同的信息量,在这样的机制下历史信息逐渐更新,路径选择具有高度的时效性,并不是对过去信息的重复。

人工蚂蚁和真实蚂蚁都需要根据任务目标进行工作，它们的主要任务是寻求一条最短的路径，这条路径能够有效连接食物源和巢穴。无论是人工蚂蚁还是真实蚂蚁，它们都不能跳跃性完成路径尝试，它们不断在相邻节点中移动，在这个过程中寻找一条最短的路径，这条路径作为移动顺序被记录下来。

在受到真实蚂蚁的行动的启发后，人工蚂蚁的计算方法还进行了一系列的研究探索，它们具备的一些特性是真实蚂蚁不具备的。与真实蚂蚁不同，人工蚂蚁所在的空间处于离散状态，它们是在不同状态下移动转换的；人工蚂蚁具有对内在状态的记忆功能；人工蚂蚁的行动过程、环境与时间并无关联。

人工蚂蚁在工作过程中对信息量的更新并不是随时都可以进行的，人工蚂蚁并不盲从，它更多受到空间特征的启发，人工蚂蚁改变信息量是因为产生了解决问题的方法，但是有的信息量的改变则是因为做出了一步选择。

人工蚂蚁还可以通过增加功能来拓展应用的领域、范围，可以在很多具体应用中实现局部优化、预测未来、回退等真实蚂蚁所没有的功能。人工蚂蚁可在局部优化过程中进行信息交换，还可以通过改进蚁群算法来实现简单预测。

相关研究人员受到蚂蚁在觅食过程中利用激素进行信息交流的启发，设计了模拟真实蚂蚁进行运算的蚁群算法。蚁群算法可以解决经典的组合优化问题，如资源二次分配问题、旅行商问题（traveling saleman problem，TSP）等，能取得较好的结果，优于以往的解决方法。旅行商问题是一个典型的组合优化问题。本书研究的资源空间聚集度问题可以应用旅行商问题进行阐释：旅行商以一个资源点为起始点，访问每个资源点一次，在访问完所有资源点后返回到起始点，已知每两个资源点之间的访问距离，求完成所有访问的最小距离及其访问顺序的排列组合方式。旅行商问题的搜索范围是 n 个资源点访问次序的自由排列组合的集合，该集合的总量为 $n!$，由于该问题是一个对称的、完整回路的一条路径，搜索范围的总量可以减少为 $(n-1)!/2$ 条不同组合的线路。任何 n 个资源点的单个排列都是一条完整回路，即访问完最后一个资源点后返回起始点。

（2）蚁群算法的建模。

①对蚂蚁个体的抽象。蚂蚁算法来源于对自然界真实的蚂蚁行为的模拟，是对真实的蚂蚁觅食行为的一种数字化抽象。蚁群算法要求研究者首先完成对真实蚂蚁的个体行为的抽象化，这样做能够在后面的具体计算中刻画具体的算法机理，并能够将不影响结果的因素舍弃。抽象的蚂蚁个体更像是一个智能化的蚂蚁单体，这个单体能够根据目标完成工作任务，也能够通过设定的通信手段互相影响。

②问题空间的描述。真实蚂蚁与人工蚂蚁在工作环境维度上不同，真实蚂蚁是在真实世界的三维空间中工作，而人工蚂蚁只能在平面上工作，因此模拟空间是将真实蚂蚁的工作环境抽象为平面加以表达。研究者易于完成空间的描述

主要是由于真实蚂蚁所经过的路径往往也是二维空间的,即在一个平面或曲面上进行。但是,空间描述还存在连续性的问题,计算机模拟无法直接模拟一个连续的平面,只能进行零散式的数据处理。研究者需要将离散化的数据点组成离散平面,人工蚂蚁在这样的抽象平面上进行工作。这项工作能够进行主要是由于蚂蚁连续移动经过的是固定的离散点,而人工模拟相当于仅仅提高了离散程度,但对整个运作机制并不产生影响。

③寻找路径的抽象。自然界的真实蚂蚁在觅食过程中依靠分泌的化学物质作为信息传播工具,指导其行进方向,而蚁群算法的求解过程是人工蚂蚁在平面节点上运动的结果,它们将信息素抽象成一定的轨迹。信息素的浓度高低是人工蚂蚁在不同节点间选择策略的主导性影响因素。以两个节点分别表示蚂蚁的巢穴和食物源,按照这样的机制,人工蚂蚁通过概率选择要前往的下一个点,在不同的点上应用此方法重复选择,最终完成对所有点的访问。我们可以应用蚁群算法得到问题的较优解。

④信息素挥发的抽象。真实蚂蚁释放的信息素会随着时间而不断挥发,即这些信息素会随着时间增加而变少。但计算机模拟的只能是离散事件,随着时间改变的挥发性特性也只能以离散的方式发生。在通常状态下,研究者会在人工蚂蚁从不同节点转移的时候进行一次信息素挥发,这种在离散时间点进行信息素挥发的方式,在机理上与真实蚂蚁的信息素挥发方式完全相同。

⑤启发因子的引入。真实蚂蚁行进方向的启发是对人工蚂蚁工作方式抽象化的基础,整个模拟过程体现了高度的自组织性。但是,其也同样存在缺陷,在整个过程中系统演化需要较长时间,在实际应用过程中算法的运行时间不能无限期延长,因此在离散状态下的蚂蚁转移,需要引入一个具有搜索功能的随机的过程,即启发因子,根据研究的具体目标,进行算法的初始化设置,以此减少算法的计算时间,使得蚁群算法能够高效地解决实际问题。

4. 基于最小累积阻力模型的游憩路径分析

1922年,Knaapen提出最小累积阻力(MCR)模型,其最初被应用于生态学相关领域,研究不同物种从不同源地到达目的地的过程中需要消耗的能量,以此构建模型计算不同要素在整个移动过程中所提供的阻力,将整个生态板块所有能够成为潜在廊道的线路整理出来,并充分保证整理出来的潜在廊道是生物在扩散或迁徙过程中较少受到外界干扰的最佳廊道。在ArcGIS平台上能够通过"源"的选择、景观阻力面构建、路径模拟完成整个过程,具体需要应用该平台上的"成本距离"和"成本路径"命令完成。

MCR模型也逐渐被应用于文化景观网络研究中,它能够分析遗产廊道的路径适宜性。俞孔坚等学者曾应用MCR模型,对遗产廊道网络与人的体验的相关性进行研究。在 MCR 模型中空间格局应包含如下组分:源点,指作为游览扩散源的某一遗产点;缓冲区,指源点周围较易被公众游憩的景观空间;可能的扩散路径,指源点之间可为公众游憩所利用的通道和公众由源点向周围扩散的可能方向。这些路径共同构成城镇遗产景观游憩的潜在空间网络。

本书将使用该模型构建遗产空间网络的路径,以哈尔滨中东铁路相关遗产为例,选择一个遗产点,沿着一定路径到达邻近遗产点,并对路径进行游憩体验和感知分析,分析不同道路类型、坡度和距离要克服的游憩阻力。根据阻力大小的不同,分析游憩活动的路径适宜性,其计算模型见公式(2.1)。

$$\mathrm{MCR} = f_{\min}\Big(\sum_{j=n}^{i=m}(D_{ij} \times R_i)\Big) \tag{2.1}$$

式中　MCR——最小累积阻力值;

f——最小累积阻力与路径游憩适宜性的正相关系;

D_{ij}——从遗产点 j 到遗产点 i 的距离;

R_i——从遗产点 j 到遗产点 i 进行游憩的道路阻力。

本书应用最小累积阻力模型进行哈尔滨中东铁路遗产游憩网络空间格局构建,具体包括以下 3 部分:遗产网络节点的选择、路径游憩适宜性评价体系的建立、游憩网络路径模拟。

2.4　遗产廊道空间格局构建的结构框架

2.4.1　遗产廊道的空间层次结构特征

遗产廊道作为大区域遗产空间的复杂系统,具有系统的普遍特征,可应用系统论指导遗产廊道的解构分析,研究其系统特性和空间层次结构。遗产廊道在长期的历史积淀过程中,形成了丰富的文化景观特色资源,具有重要的历史文化价值。由于近年来大规模地城市建设和更新,无论是物质的,还是非物质的遗产资源,都受到了不同程度的破坏。遗产资源是支撑遗产廊道延续历史文脉的基础要素,遗产廊道的构建需要在历史文脉的指引下进行,重点突出遗产廊道的典型性和珍稀性。遗产廊道中的旅游资源相互之间联系紧密,它们共同形成有机的整体。自然资源一直以来是人类活动的载体,文化资源则是人类生活、社会发展的产物,这些资源相互作用、协同发展,为人类认知和记忆历史提供了重要的载体。遗产廊道的整体性、区域性及大尺度的特征使其更具有旅游资源的多元化属性,遗产廊道中的资源是历史长期积累、人和自然共同作用的结果,这些线性区域内的文化景观包括自然类、人文类景观,呈现出极其多元化的特征。遗产廊道空间系统包含多种空间层,具体包括国土、区域、城镇、街区 4 个层面。

1. 国土层面

国土层面是遗产廊道的最上一层,也包括跨国区域的遗产廊道。国土层面的遗产廊道往往是以大型的河流或道路为脊柱、以历史文化名城为节点而构成的网络。在历史的发展过程中,这些脊柱及节点曾经承担着重要的运输、文化交流功能,在国家或国际经济发展、历史文脉延续等方面发挥着重要作用。以国土层面的遗产廊道为核心辐射周边区域,形成丰富的自然和文化景观资源,拥有较大范围的遗产区域,其大尺度跨区域特征使其在生态、文化领域发挥着至关重要的作用。

2. 区域层面

区域层面的遗产廊道是依托区域内的河流或道路形成的。遗产廊道区域内的城镇的历史往往同根同源,有着非常密切的联系,属于一个统一的整体系统。这个层级的遗产廊道同样拥有重要的生态、文化价值,但是在保护尺度上小于国土层面,这一层面的遗产廊道数量较大,将是未来研究的重点。

3. 城镇层面

城镇层面的遗产廊道以城镇内的道路或河流为骨架,串联历史文化街区、遗产和城镇自然景观。许多城镇人文活动历史悠久,通常具有非常丰富的遗产景观资源,这些景观资源能够充分展示地域性历史文化风貌。城镇尺度的遗产廊道构建具有极强的可行性,是真正易于实现的遗产廊道类型。

4. 街区层面

街区层面主要指城镇内具有共同属性或背景的历史遗产组成的带状历史文化空间,利用遗产廊道理念对其进行整体化和区域化的活态保护,可以实现遗产群的有效保护和利用,以抵抗市民生活带来的冲击和自然带来的侵蚀。街区层面是遗产廊道最基本的构建单元,也是最小的构建尺度。因为其他大尺度遗产廊道的构建需要经过基础层面的构建后,才能够扩展到更高的层次,所以这一层面有着不可替代的重要意义。

根据遗产廊道的结构特征和层次等级,本书将其概括归纳为3类研究尺度,提出了遗产廊道的空间格局层次化构建方法,并分析了每个层次对应的我国现行文物保护单位及主要研究内容(表2.2)。

表 2.2　遗产廊道空间格局的研究层次

研究尺度	遗产层次	对应的我国现行文物保护单位	主要研究内容
国土	遗产区域	—	遗产廊道的构成、类型、层次及价值； 区域资源分布及发展情况、宏观区域发展战略
区域	历史城镇	历史文化名城	城镇的发展背景及其遗产资源分布； 城镇发展潜力评价； 提出区域发展模式
城镇	街区、遗产建构筑物	历史文化街区、文物保护单位	城镇景观资源的特色； 资源分类、价值评价； 提出遗产资源的保护与利用策略

2.4.2　中东铁路遗产廊道格局的层次划分

在全域旅游视角下划分遗产廊道空间格局的层次之前,应该首先正确理解全域旅游,避免陷入认识误区。通过梳理文化和旅游部关于全域旅游的界定、标准、特征的认识,结合厉新建对全域旅游提出的"四新"理念和"八全"结构图,综合大区域遗产廊道的层次结构特征,本书提出了全域旅游视角下遗产廊道空间格局的构建原则,并根据构建原则对遗产廊道进行空间层次划分。

本书基于全域旅游视角的中东铁路遗产廊道空间格局构建,以满足区域内全民休闲的需要和促进东北地区全面振兴为核心目标,对沿线城市文化和景观特色进行保护与利用,按照遗产廊道要素系统的解构分析,将中东铁路遗产廊道系统中的各项要素置于全域旅游视角下,以东北地区的自然环境为基础,以城镇人文环境及其遗产资源为核心旅游吸引物,以连接各城镇的交通线路为纽带(图 2.5)。以全民作为服务对象,重点考虑区域内全民的游憩和生活,保护中东铁路遗产资源和实现文化可持续发展。本书通过空间格局构建解决区域发展问题,通过美景度、连通度、可达性、多样性等景观指数,分析区域城镇空间格局,构建地区核心城镇空间网络,以增强东北地区的吸引力,吸引更多的游客和旅游相关人才,促进东北地区的全面振兴。

中东铁路遗产廊道跨越近 2 500 km,为近代历史时期东北地区的核心交通廊道,遗产景观资源丰富,对周围区域的发展产生了巨大影响。面对这样一个重

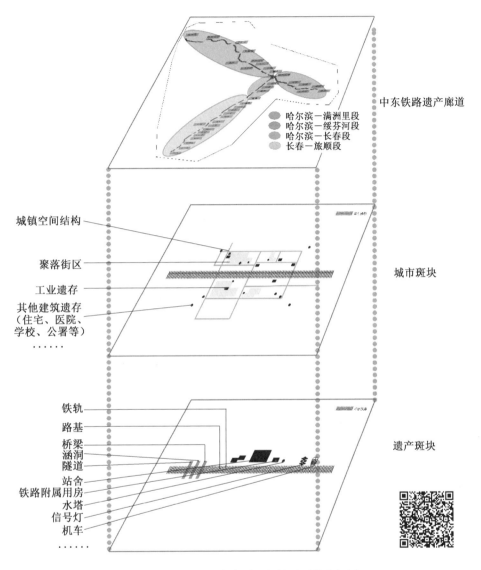

图 2.5　中东铁路遗产廊道空间格局系统分析图

要的复杂系统,进行遗产廊道空间格局构建研究首先要进行系统解构,依据其历史文化背景、铁路系统功能结构及地理空间等因素,对中东铁路遗产廊道层次体系进行划分,见表 2.3,其中城市斑块是空间格局构建研究的基础层级,在整个空间格局中起承上启下的作用。中东铁路遗产廊道可以采用遥感和地理信息系统技术,进行格局构建分析,为全域旅游视角下中东铁路遗产廊道空间格局构建提供科学的方法和依据。

表 2.3　中东铁路遗产廊道层次化构建解析

尺度	范围	研究重点
整体遗产廊道	4个区段：中东铁路滨绥段（哈尔滨—绥芬河）、中东铁路滨洲段（哈尔滨—满洲里）、中东铁路哈长段（哈尔滨—长春）、南满段（长春—旅顺）	以文化传播脉络和地理空间作为遗产廊道区段划分的依据，根据竞合理论，通过区段旅游发展评价，提出中东铁路遗产廊道旅游区段竞合发展策略，促进各区段景观特色协调发展、优势互补
遗产廊道区段	中东铁路遗产廊道各区段空间内的城镇	以点轴开发理论为基础，提出城镇旅游发展潜力评价体系，对区段内各城镇的旅游发展潜力进行评价，构建区段旅游发展空间格局，从城市节点等级划分、发展轴线与旅游线路规划、区域发展定位3个方面，对遗产廊道区段旅游进行点轴空间格局构建
城镇	城镇内的遗产资源	按照城镇内遗产资源的价值和历史功能对其进行筛选和主题分类，构建中东铁路遗产空间主题网络，根据遗产的历史与现状分布，以游憩地理学为理论基础，构建中东铁路城镇遗产游憩网络空间格局

全域旅游强调旅游资源、旅游发展和区域环境承载力相适应，全域旅游视角下的遗产廊道空间格局构建是一种有效的区域保护性开发理念，要通过全面优化基础设施、旅游资源和产业布局，减轻核心资源承载的压力，实现核心资源可持续发展和生态环境保护。通过资源优化配置，实现区域旅游服务供给在空间上的合理布局。无论区域旅游如何发展，保持特色一直是区域旅游发展的核心竞争力。下面我们将讨论各层次具体的构建目标。

1. 中东铁路整体遗产廊道空间格局构建目标

全域旅游视角下遗产廊道空间格局构建首先要进行区域整体层面的格局构建。丰富多彩、百花齐放是全域旅游的魅力所在，因此，要提出中东铁路遗产廊道区段竞合格局构建的评价指标体系，分析各区段的核心竞争力、资源优劣势对比、区位关系，避免遗产廊道全域各城镇风格特色雷同，要打造特征鲜明、丰富多彩的遗产廊道大旅游格局。全域旅游视角下整体遗产廊道空间格局构建要突出各区段的特色，不可简单复制，应从实际出发评价各区段的发展特色，分析评价结果，探索各区段的竞合发展模式，实现整体廊道资源的优势互补，最终实现全域整体的可持续发展和综合效益的最大化。

2. 中东铁路遗产廊道区段空间格局构建目标

随着人民生活水平的提高和旅游业的快速发展,全民休闲时代已经到来,为很多区域开展全域旅游提供了社会背景条件。但并不是所有区域都有条件在短时间内实现全域旅游,尤其是大尺度的遗产廊道,更不可能全区域同时完成旅游开发,全域旅游必然要分步骤、分层次推进。全域旅游的推进,要在整体统一的规划策略下,根据各区段的价值潜力,参考现状条件,进行分层次、分阶段统筹开发,全域旅游不可无序而为,也不能齐头并进。中东铁路遗产廊道的全域旅游发展要遵循可持续发展理念,不能大拆大建,更不能竭泽而渔。全域旅游应坚守科学的发展理念,系统有序地开发。本书基于增长极理论和点轴开发理论建立中东铁路遗产廊道城镇旅游发展潜力评价体系,并根据评价结果,构建遗产廊道区段点轴空间格局。

3. 中东铁路遗产廊道城镇空间格局构建目标

全域旅游的发展应该不断强化放大区域核心自然或文化景观的特色。对于区域整体的旅游开发,特色资源仍然在区域旅游发展中居于核心地位,区域旅游竞争力体现在全域特色和景点特色两个方面。全域旅游并非全部旅游资源齐头并进开发,旅游资源的主次关系还是非常重要的。所以,全域旅游视角下的中东铁路遗产廊道空间格局构建,不能忽视其根本,应该在核心遗产资源网络构建的基础上,加强全域景观特色建设,这样才能实现全民在全区域中获得全过程的游憩体验。中东铁路遗产廊道城镇空间格局构建基于游憩地理学理论,按照中东铁路遗产点的使用功能和空间连接度,对其进行主题划分。根据全域旅游理念,本书将城镇内的重要遗产资源和景区、景点作为源点,选择源点间阻力较小的道路作为网络路径,构建城镇内的全域旅游遗产空间网络,服务区域内的全民游憩。

2.4.3 中东铁路遗产廊道空间格局的层次关系

首先我们要认识到本书研究的遗产廊道是一个复杂的巨系统。遗产按照空间和功能的相互联系而形成系统,遗产廊道拥有各层次遗产所没有的新性质,这就是系统的整体性,整体性的表现需要以系统为平台,即用系统的观点看问题。那么,在遗产廊道系统中各层次子系统之间又是什么关系,是什么实现了遗产廊道系统的整体性?

1. 层次递进结构

遗产廊道资源系统具有层次递进的结构特征,以系统论的层次原理为指导,研究系统的形成、保持、运行、演化,都需要考虑层次,其是一个复杂的系统的最合理的组织方式。它能够最大化地发挥资源的有效性、可靠性,在构建合理的发展模式的同时占用最少的空间和资源。层次是系统科学的重要概念,它与子系统是系统结构的主要构成要素。在遗产廊道巨系统中,从遗产到遗产廊道并不是简单的直接构成关系,而是经过一系列层次按照特定功能构成的,每一个中间层次又自成系统,每提升一个层次,遗产的研究就有一次质的发展,直到形成遗产廊道整体系统。在空间上,中东铁路遗产廊道整体包含4个区段,区段包含多个城镇,城镇包含众多遗产。因此,层次是在从遗产到遗产廊道的构成过程中呈现出来的各个遗产空间类型。

在遗产廊道内部不同层次之间需要经过逐层递进的方式解决构建问题,多层结构下的复杂系统需要遗产廊道首先整合遗产资源,将遗产资源归属于城镇子系统,再将城镇子系统归属于更高一级的遗产廊道区段子系统,依此类推,形成整体遗产廊道系统。

2. 层次间的控制与支撑

支持系统并非遗产廊道系统额外的构成部分,而是遗产廊道系统中具有突出的协调、控制功能的组成部分,它在遗产廊道系统中虽然没有被明确界定,但是客观存在的,且不同等级的遗产廊道都对应着相应的支持系统。支持系统在遗产廊道中发挥自身特定的功能,能够有效保证遗产廊道有序、完整,有序且完整的遗产廊道体系才能够正常运转、发展。支持系统使得跨区域遗产廊道系统能在发展过程中不断得到调整,确保遗产廊道沿着既定的路线和目标发展。在遗产廊道全域旅游构建的过程中,支持系统与遗产廊道密切相关,强大的支持系统能够使遗产廊道拥有更强的向心力和突显性。

在中东铁路遗产廊道各层次的支持系统中,高层次控制低层次,低层次支撑高层次。在较复杂的遗产廊道系统当中,遗产廊道各层次支持系统在一个变化的系统环境中,作为遗产廊道的协调系统,能够对遗产廊道进行控制和调整,协调各层次子系统之间的关系,控制各层次子系统的发展方向,这样遗产廊道才能够得以正常发展。遗产廊道系统的区段竞合发展战略,控制着遗产廊道各区段的发展格局,遗产廊道各区段的发展方向要服从遗产廊道的整体发展战略,而遗产廊道各区段的发展格局又控制着区段内的城镇特色发展,城镇的开发次序和功能定位也要服从于区段发展战略。同时,众多城镇的旅游和基础设施发展,促进了遗产廊道区段的整体发展,各区段的旅游发展又将促进整体遗产廊道的全域旅游。

3. 中东铁路遗产廊道空间格局构建的技术路线（图2.6）

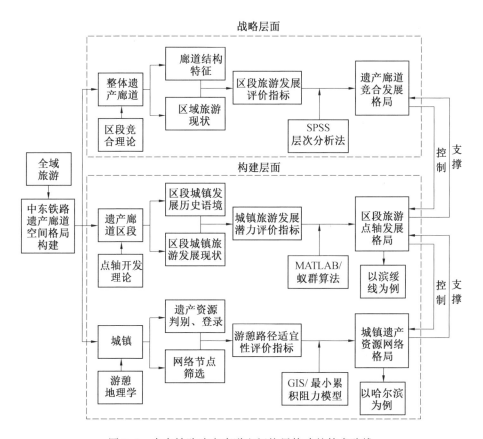

图2.6 中东铁路遗产廊道空间格局构建的技术路线

第 3 章 中东铁路遗产廊道历史与现状分析

对中东铁路遗产廊道历史与现状的系统认知,是廊道旅游空间格局构建的基础,包括研究中东铁路的起源和文化传播,遗产廊道的旅游资源类型、旅游发展现状。中东铁路带来的异域文化随着历史的发展不断演化,原有的文化传播主体已经消失,其在传播和发展过程中已形成了遗产廊道的现状特征,文化传播对中东铁路相关遗产特色、城镇发展和区域风貌特征都有较大影响。本章将通过分析遗产廊道的特色文化、旅游资源和旅游现状,完成全域旅游视角下中东铁路遗产廊道空间格局构建基础的分析。

本章基于文化地理学,研究中东铁路相关遗产的文化源地、文化传播和文化区;研究中东铁路沿线区域文化形成的原因;引入"文化涵化"概念,分析文化传播的背景及传播的必然性。中东铁路相关遗产产生的历史背景十分复杂,它是区域文化和历史不可分割的一部分。遗产自身的文化特征渗透延续着中东铁路文化的传播,是城市景观特色的重要组成部分。文化遗产是城市发展的不竭动力与文化载体。本章通过设计调研内容、确定评价指标、绘制调研表格,以收集、整理的历史资料结合现场调研数据,完成中东铁路遗产廊道的资源登录工作,梳理中东铁路遗产廊道的资源情况。中东铁路遗产廊道旅游发展潜力较大,但由于缺乏统一的协调规划,遗产廊道内的旅游资源没有进行优化配置,造成了一定的资源浪费和无序竞争。在全域旅游视角下,对中东铁路遗产进行合理展示,可促进公众对区域历史的深入认知,既能体现区域的文化延续性,又有助于突出区域的文化个性特征。本书基于全域旅游视角对中东铁路遗产廊道进行空间格局构建,以期展现中东铁路遗产廊道的文化内涵,发挥中东铁路相关遗产的自身价值,促进东北地区的全面振兴,实现遗产资源保护和区域经济发展的共赢。

3.1 中东铁路遗产廊道的历史语境

本节以文化地理学为基础,研究中东铁路文化景观在文化源地、文化传播和文化区 3 个方面表现的文化载体特征;研究探讨中东铁路文化区形成的原因、文化传播在中东铁路景观发展过程中所起的作用,以及中东铁路遗产要素的文化继承性和文化景观特征。文化传播是文化景观演进的主导因素,文化传播包括以下3个层次。一是传播背景,即主体文化进行传播的驱动力,以及传播源文化的历史发展。二是传播过程,即不同文化在传播过程中的融合,涉及两种或多种文化的互动。三是传播结果,即文化正在或已经完成传播,存在文化传播的源体和受体之分。本节将从文化传播的背景及源地、文化传播的过程、文化传播产生的影响3个方面分析中东铁路遗产廊道的现状成因。

3.1.1 中东铁路沿线城镇的缘起与发展

1898年,中东铁路在我国东北地区开始快速修建。伴随着中东铁路的诞生,沿线城镇快速发展。中东铁路的修建为沿线城镇带来了多元文化,形成了沿线城镇独特的景观风貌。

1903年,中东铁路建成之初全长2 426 km,中东铁路相关遗产以各个车站为中心向外辐射分布,90%以上的遗产分布在铁路两侧1 500 m范围内。东北地区在中东铁路建设前村落分散、人烟稀少、物资交流不畅通,中东铁路建成后,其成为沿线区域人员和物资交流的重要交通工具,因此以中东铁路不同等级的车站为核心形成了不同规模的城镇,铁路车站成为区域内核心的人口中转站和物资集散地,由中东铁路串联的带状城市群迅速发展。

我国东北地区地广人稀、资源丰富,同时,地域偏远。康熙十六年,清政府将东北地区的长白山地区称为"发祥圣地",规定盛京以东,伊通州以南,图们江以北,悉为封禁。因此,该地区人口稀少、城镇化发展缓慢。光绪三十年,清政府将东北地区的黑龙江区域作为移民区域。由此清政府开放了东北地区的移民政策,从被移民推动向主动招引移民转变,东北地区长达227年的封禁政策得以开放。

以农耕经济为主导的封建社会,导致东北地区经济无法得到充分的发展,其得天独厚的资源优势未发挥有效的促进作用,向近代城市发展的先决条件无法被满足,城镇无法健康发育。20世纪初期,大量人口迁移到东北地区,东北地区人口显著增长,区域城镇拉开了近代化发展的序幕。中东铁路沿线城镇商贸迅速发展,满洲里、富拉尔基、扎兰屯、哈尔滨开埠。大批人口随着中东铁路的修建而开始涌入东北地区,东北地区丰富的物产资源使地区经济得到迅速发展,经济的发展促使贸易往来和文化传播也逐渐变得更加开放。依托于铁路发展的商品市场、贸易投资场所、原料供应地等,形成了具有一定辐射范围的城镇中心。沙俄在铁路沿线大兴土木,包括投资兴建基础设施、民用设施、文化设施等。沙俄建设的城市具有明显的西方特色,与我国传统城市特色差异鲜明。当时资本主义的科学技术、经营方式和商品经济观念,通过金融贸易机构的建立、新工业的兴起,融入城市的生产生活之中。1945 年,东北工业产值占我国工业总产值达 85%。

中东铁路沿线城镇大多以车站周边区域为核心,车站也是维持铁路正常运行的基础单元,是促进中东铁路文化传播的重要元素。车站的等级对片区内的遗产规模产生影响,车站承担的职责不同、建设的规模不同,其对周围景观环境的影响也不同。中东铁路沿线的站点设置直接关系到周边经济发展,以及社会、文化、建筑、景观的发展,而车站本身的设置又受到地理位置、自然环境、交通状况等因素的制约。车站的等级会影响周边城镇区域的景观规划,级别越高的车站,其城镇景观规划量越大。中东铁路建设初期,车站共分为 6 个等级。例如,一面坡当时作为中东铁路二等站,从平凡的小山村一跃成为商业重镇,如今保存的城镇遗产数量和类型也极为丰富。在整个中东铁路沿线中,除少数一等、二等车站,其余多为三等及以下的小型站点。在东北地区严寒的气候、复杂的地形环境、物资交换不畅的制约下,这些分散在各个城镇村落的小型站点,当时起到了必不可少的交通连接作用。它们是这些小城镇交通运输及物资交换的主要媒介,同时这些等级不同的站点也逐渐发展成为规模不等的城镇。

中东铁路改变了东北地区原有的自然农耕经济和手工业经济格局,商品流通及贸易规模逐渐扩大。沿着中东铁路发展起来的城镇其规模和数量不断扩大和增长,走向了初级的城市化阶段,精神文明与物质文明共同被城市空间承载。

本书关于城镇层面的研究,通过分析城镇发展的历史与现状,解读城镇内部和城镇间的格局特征。中东铁路遗产廊道沿线城镇拥有区别于其他区域城镇的独特的景观特色,具备开发全域旅游的基础条件。

3.1.2 中东铁路文化传播的方式

中东铁路带来了国内外各地区的移民。铁路沿线的城镇规模迅速扩张,促使这些城镇开始了城市化进程。中东铁路沿线区域在发展的过程中,逐渐形成了其独有的文化特征。中东铁路文化即中东铁路遗产廊道的内在和外在文化表现的集合,体现在遗产廊道产生及发展过程中的文化现象和文化规律之中,呈现于中东铁路遗产廊道空间格局之中。中东铁路文化的载体包括遗产、沿线城镇、遗产廊道空间格局。

文化传播是指人类文化由一个群体向另一个群体传播,或由文化源地向外

第3章 中东铁路遗产廊道历史与现状分析

扩散传播的过程。中东铁路文化中占主导的是俄国、日本、中国文化,具体包括俄国传统文化及新兴工业文化、日本传统文化及近现代工业文化、中国传统文化及北方少数民族文化。中东铁路文化传播的主要原型就是以上3类文化。在3种不同的文化力量的共同影响下,中东铁路区域内的文化得以传播和发展。

文化涵化是由于与异质文化的接触引起原有文化的变化,是不同文化区之间接触带来的文化碰撞所产生的结果。不同的文化、不同的人群、不同的思想汇聚在一起,便会产生多种文化的相互交融。在这个过程中,来自不同文化的各种元素相互融合、碰撞、交织,从而形成一种新的文化,它是经过融合而形成的全新的文化,具有非此非彼的文化身份。对于文化的交流与发展,本土文化与外来文化呈现出相互融合、相互制衡的发展趋势,并不存在一种文化压倒另一种文化的绝对主导文化。文化涵化是一种文化变迁,其是一个不断演化的过程,是多元的异质文化与原有文化相互碰撞所产生的变化。

在中东铁路遗产廊道区域内,特定的历史环境和城市发展过程,决定了其区域内景观特色的主要影响因素为俄日文化,本书以空间轴线为主对其进行历史脉络梳理。受战争和政治格局的影响,中东铁路的名称和管理权不停变换,本书将中东铁路的发展过程分为6个历史阶段:1898—1904年为沙俄借地筑路时期,此时称为东清铁路,分东、西、南3段,分别为哈尔滨—绥芬河段、哈尔滨—满洲里段、哈尔滨—旅顺段;1905—1919年为俄日瓜分中东铁路时期,哈尔滨—绥芬河段、哈尔滨—满洲里段、哈尔滨—长春段称东清铁路北段,由俄国管理,长春—旅顺段称南满铁路,由日本管理;1920—1934年为中苏共管中东铁路时期,长春以北段称中东铁路,由中苏共管,长春—旅顺段仍称南满铁路,由日本管理;1935—1944年为日本占领时期,中东铁路改名为北满铁路,北满铁路和南满铁路统称满铁,由日本管理;1945—1951年为中苏共管中长铁路时期,满铁改名为中长铁路;1952年以后为中华人民共和国铁路时期,包括滨洲线、滨绥线、哈大线。中东铁路历史脉络如图3.1所示。

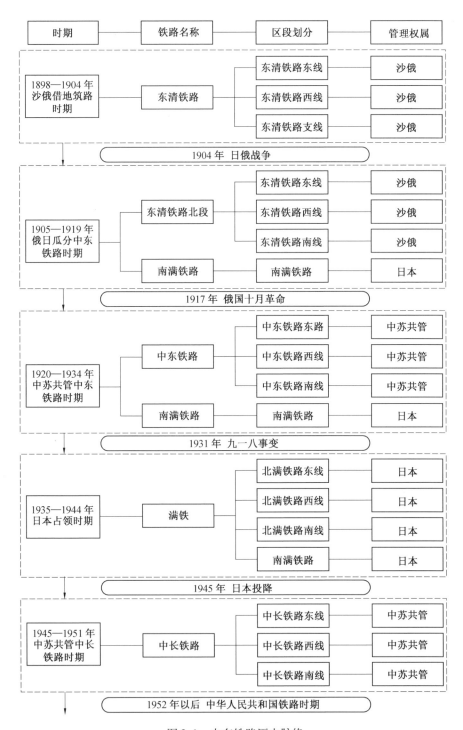

图 3.1 中东铁路历史脉络

3.1.3 中东铁路文化传播的影响

中东铁路管理权多次变更,文化传播主体不断转换,审美观念也随之改变,中东铁路遗产廊道内城镇与周边城镇具有不同的风格特征。通过研究中东铁路的文化传播,分析文化、区域特色与城镇格局的关系。对具体的中东铁路遗产资源的研究从背景文化开始了解,将遗产的特征与形成遗产的文化背景相联系,并在文化层面上进行解读:区域内为什么会出现不同特征的文化遗产?下面将从3个方面分析中东铁路文化传播对遗产廊道的影响。

1. 多重文化时空的层叠整合

"多重文化时空的层叠整合"的概念,是朱炳祥依据人类学家的看法,结合他自己在田野考察中对文化现象的观察所做的概括。他认为,区域中的文化经过长时间的积累,并在不断融合新文化之后进行变异,但原来的旧文化并未消亡,而是在不断选择、转换及重构,经过文化叠合,以一种全新的结构形式呈现出来。朱炳祥认为不仅新、旧文化之间存在叠合现象,而且文化的同、异之间也具有此特征,即异地不同文化之间的传播同样遵循这个原则——被选择、转换及重构,从而形成不同文化之间的相融。因此,不同的时间,即新与旧之间,以及不同的空间之间,通过文化整合和交叠聚集在同一文化构成中,并且这一现象并不只是叠合一次,而是由多次的叠合发展而成。早期叠合的文化与晚期叠合的文化,在传播过程中又经过选择、转换与重构,整合到新的文化之中,形成更复杂的时空形式和内涵。

从社会及生活方式上看,清政府统治早期,东北地区的居民主要为原住民和八旗子弟的驻军。从清朝后期开始,清政府允许开垦土地进行农耕,因此大量中原地区的居民开始闯关东,即大批关内农民涌入东北地区,从而使我国几千年的农耕文明与北方游牧文明在东北地区相融合,形成了新的社会模式和生活方式。

中东铁路沿线文化正是多重文化时空的层叠整合的产物,中东铁路建设前是北方少数民族文化与中原文化的叠合,中东铁路建设后又融入沙俄、日本、欧美等国家和地区的文化,因此,中东铁路遗产廊道区域形成了一种全新的文化形式。

以哈尔滨为例,这个中东铁路的重要枢纽成为欧美、亚洲地区的货物集散地,也是东北地区最大的贸易城市、著名的远东文化中心。同时,远东地区的这些城市构成了经济、文化、贸易交流的关系网,而城市化的推进极大地促进了城市规划的完善,以及建筑行业的繁荣。中东铁路沿线主要城市中常常可以看到带有西方建筑特色的花园洋房、车水马龙的商业街等。中东铁路沿线不断出现的多元风格的建筑,就是遗产廊道区域文化叠加与融合的重要物质载体。

2. 文化区景观特色差异

文化区是指具有一类文化特征或具有某种文化特征的人群在空间上分布的区域,即具有相似文化特质的地理区域。中东铁路相关遗产大都与其所处的文化环境共生,文化背景直接反映到遗产的景观特征上。由于中东铁路建设、发展期间区域内政局动荡,各阶段的中东铁路遗产也体现了鲜明的历史文化烙印。本书按历史事件发展、管理权的变更对中东铁路整体进行文化区划分:一是中东铁路俄国文化主导区,包括哈尔滨—满洲里段、哈尔滨—绥芬河段、哈尔滨—长春段;二是南满铁路日本文化主导区,包括长春—大连段。

(1)俄国文化主导区景观特征。

俄国传统建筑文化是一种极具民族特色的建筑文化类型。由于俄罗斯民族的历史充满了与欧洲文化交叠的过程,因此俄国传统建筑文化其实是一种综合了多种传统文化特点的文化成果。中东铁路修建的时间为19世纪末20世纪初,此时西方古典主义建筑在俄国本土硕果累累。这一时期俄国传统建筑领域出现了两大学派:一是主张恢复本民族建筑形式的俄国新复古主义;二是推崇欧洲艺术源头的新古典主义。

俄国文化主导区内建筑遗产造型精美、结构独特,局部细节装饰丰富,如檐口、门额、窗额、线角、墙体等,外墙与屋面色彩亮丽,普遍具有纯正、浓重的俄国早期建筑风格特征,体现了俄国早期建筑的审美意识。很多建筑单体的装饰与造型独具特色,尤其是教堂、机车库和高级住宅等建筑,其功能与形态完美结合,平面布局巧妙,具有很高的艺术审美价值。在建筑体量上近代建筑的高度比较接近,以2层和3层建筑为主,最高不超过5层。多数建筑形体规整,少数高大且天际线丰富的建筑是标志性建筑,城市建筑形态秩序清晰。

中东铁路车站按战略地位、客货运量、经济基础等因素划分为一到五等站和会让站。车站的等级越高,功能越复杂、建筑类型越丰富、辐射范围越大,相关附属建筑也越多。如哈尔滨站作为铁路建设初期仅有的一等站,是中东铁路的交通枢纽、管理局所在地。哈尔滨由一个小渔村变成中东铁路沿线的核心城市,所拥有的中东铁路建筑遗产的数量和类型都十分丰富。中东铁路沿线城市的俄式建筑风格如图3.2所示。

(a) 新艺术运动风格（原哈尔滨火车站）　　(b) 折中主义风格（原哈尔滨特别市公署）

图 3.2　中东铁路沿线城市的俄式建筑风格

（2）日本文化主导区景观特征。

日本的城市规划制度和文化往往源自外部的影响。在古代，日本的制度、文化主要来自中国，其传统建筑文化原型可以追溯至我国唐代。日本的城市规划也引入了欧美等国家的思想和制度，如英国的田园城市论和有机城市论、德国的土地区划、美国的分区制等，并经过转化将这些理论应用于本土。外来文化对日本的影响巨大，日本近代建筑文化是融合欧洲传统建筑、民族建筑、后现代主义建筑文化的成果，因此其建筑风格具有多元的特点。

日本建筑设计从早期模仿西方古典经典建筑，到跟随西方的设计潮流，再向形式追随功能的现代主义过渡，并在此过程中逐步融入其本民族的文化特征。中东铁路沿线城市的日式风格建筑如图 3.3 所示。

(a) 营口市街　　　　　　(b) 安东停车场　　　　　(c) 伪满洲国交通部

图 3.3　中东铁路沿线城市的日式风格建筑

3. 遗产廊道空间格局的形成

中东铁路的修建影响了沿线城市的规划与建造、移民的风俗习惯、工商企业、文化教育机构；尤其是城市规划理念及建筑设计手法，其从本质上区别于我国传统的建筑风格及城市风貌。中东铁路对沿线城镇的形成与分布的影响主要包括以下 3 个方面。

（1）人口增长。

城镇形成主要取决于人口。19 世纪 80 年代，清政府实行部分开禁，希望利用移民巩固边防。为此在东北地区设立了招垦局,以图安顿移民。受限于当时的交通水平,无论是路上驿道,还是水上的舟楫,都无法承载大规模的移民运输,故边陲地区人口稀少的状况没有得到太大的改变。20世纪初,中东铁路建成,移民利用中东铁路提供的便利进入东北地区,加上中东铁路提供的优惠政策,关内人民纷纷沿铁路北上。自中东铁路建成,大量移民从山东迁往黑龙江、吉林等地区。移民沿中东铁路北上,进入东北腹地后,分别向北、西、东疏散,整个东北地区的人口迅速增加,这不仅带来了大量廉价劳动力,而且促进了职业结构的多元化发展。得益于此,农、工、商业加速发展,促使城市经济迅速繁荣。职业类型也得到了丰富,为近代城市的多元化产业储备了大量人力。

(2)资源开发与商品流通。

中东铁路方便了商品的转运和流通。移民能够北上垦荒、伐木及采矿,也得益于中东铁路提供的便利。伴随着区域内农、林、矿等资源的开发,区域市场的商品种类逐渐丰富,大量且种类繁多的初级产品成为城镇兴起的基础。在满足城乡居民物质生活的同时,大量资源通过中东铁路向外运输,或者作为原材料被加工,商品化进程加快,城镇经济初步繁荣。经过深度开发后,东北地区出产的各种原料和加工后的产品流向国内外,而中东铁路在此过程中起到了至关重要的作用。铁路运输的特点是速度快、运输量大,铁路沿线原来仅能在产地附近销售的产品有了销量更大的新市场。在满足货物运输的同时,中东铁路连通了产地与消费地,广大腹地也享受到了铁路运输带来的经济增长的红利,销售到世界各地的商品由铁路腹地向铁路沿线汇聚,通过铁路运输到边境口岸,其他地区的商品也由铁路流入。铁路作为沟通国内和国际市场的媒介,加速了农副产品的商品化。城镇的规模随着商品及贸易的流通不断扩大,近代市场体系的形成催生了城市的兴起与繁荣。

(3)工业发展。

伴随中东铁路的修建、开通,以俄商为首的外国资本纷纷涌入,借助中东铁路沿线廉价的劳动力及丰富的资源,工商业开始逐渐兴起,近代化企业的诞生使工业得到飞速发展,外资的投入导致民族资本面临巨大的压力,刺激着民族资本不断提高生产技术、优化经营管理、扩大生产、投资建厂。在这一时期,机器代替手工业成为近代工业企业生产的主要手段。区域内的小部分企业服务于铁路,大部分企业则是从事剩余农产品及原料加工的加工业或轻工业。区域内的经济结构也逐渐改变,由原料产业向加工产业转变,初步奠定了工业化的基础。由此中东铁路沿线兴起了一大批城镇,包括依托铁路产生的新兴城镇和因铁路而发展的原有城镇,它们共同形成了中东铁路遗产廊道的城市格局。

3.2 中东铁路遗产廊道旅游资源类型

中东铁路遗产廊道内包括70多处全国重点文物保护单位、11处国家级风景名胜区和哈尔滨、沈阳两个国家级历史文化名城。这些自然和文化遗产都与中东铁路的功能、历史或空间相关,不同程度地受到中东铁路建设和发展的影响,成为中东铁路遗产廊道的重要组成部分。

3.2.1 中东铁路遗产廊道旅游资源

旅游资源是区域旅游业发展的基础和前提。根据全域旅游视角的全要素理念,整合遗产廊道内所有可利用资源,作为游客旅游的吸引物。中东铁路遗产廊道作为复合型旅游系统,其旅游资源主要包括中东铁路遗产资源和其他旅游资源两大部分。

1. 中东铁路遗产资源

中东铁路以其历史发展的连续性、遗产保存的完整性和文化形式的多样性,系统展现了东北地区近代城镇化和工业化进程,是我国近代区域发展的典型案例,同时也是中原文化、西方文化、各少数民族文化交融的突出案例,在我国具有不可替代的唯一性。中东铁路遗产廊道以铁路为纽带,区域内遗产资源形式多样、建设精美、异域文化特色浓郁,俄式风格、新艺术运动风格、折中主义风格、巴洛克风格等都有一定数量保存完好的建筑精品。中东铁路遗产的整体保护可以帮助人们系统地认识沿线区域的历史文化,为区域可持续发展和促进东北老工业基地振兴提供历史条件和文化遗产资源。中东铁路线路作为整个遗产廊道的脊柱,决定了遗产廊道的空间分布形态和范围,中东铁路呈"T"字形嵌入我国东北地区,途经东北地区大部分重要城市,包括哈尔滨、沈阳、长春3个省会城市及33个市县。本书将中东铁路所穿过的36个市县作为中东铁路遗产廊道的研究范围。铁路工程遗产是维持铁路系统正常运转的必要基础设施,一些设备是修建铁路之初一直使用至今的活遗产,它们不但向我们展示了当时铁路的工业技术,也成为遗产资源类型,如博克图的百年机车库、兴安岭螺旋展线等。火车、铁路附属建构筑物、工厂、历史文化街区、城镇等都是重要的中东铁路物质文化遗产资源,它们是因中东铁路兴建而产生的遗产,是中东铁路沿线区域发展的历史见证,是需要保护与利用的核心资源。中东铁路遗产具体包括中东铁路功能相关遗产和中东铁路历史相关遗产两类。

2. 其他旅游资源

其他旅游资源即遗产廊道空间相关的资源。中东铁路遗产廊道的其他旅游资源包括铁路沿线的自然景观资源和铁路沿线区域内的风景名胜区。铁路沿线的自然景观资源是指铁路经过区域的地理、气候、地貌、植被等景观。中东铁路地处我国东北地区,是我国纬度最高的区域,冬季气候寒冷,冰雪相关景观资源丰富。铁路贯穿松嫩平原中部、大兴安岭林区及呼伦贝尔草原,地貌形式丰富,包括河流、平原、湿地、丘陵、山地等。松嫩平原中部土地肥沃,沼泽、苇塘分布面积较大,现代农业景观特色突出;大兴安岭地区森林资源丰富,自然环境优越,是天然的夏季避暑胜地;呼伦贝尔草原草场资源丰富,形成了广袤的畜牧业景观。中东铁路遗产廊道的其他资源也包括遗产廊道区域内知名的旅游景点,其他资源与铁路本体在空间上相邻,与遗产资源优势互补,对推动遗产廊道全域旅游发展具有重要价值。

根据旅游资源与中东铁路的关系,我们将中东铁路遗产廊道旅游资源进一步划分为中东铁路功能相关资源、中东铁路历史相关资源和遗产廊道空间其他旅游资源3种类型。中东铁路功能相关资源和历史相关资源属于中东铁路遗产资源范畴,遗产廊道空间相关的资源包括中东铁路沿线的自然景观资源和文化景观资源。表3.1为中东铁路遗产廊道资源分类。本书主要研究中东铁路遗产资源和空间相关的文化景观资源。

表3.1 中东铁路遗产廊道旅游资源分类

遗产廊道旅游资源	旅游资源类型	具体资源
中东铁路遗产资源	中东铁路功能相关资源	铁路工程、火车、铁路附属建构筑物、工厂等
	中东铁路历史相关资源	铁路沿线城镇内服务于铁路相关人员的工商业遗产、居住遗产等
其他旅游资源	遗产廊道空间相关的资源	空间相关的自然景观资源:铁路穿越的水系、林地、草地、农田等
		空间相关的文化景观资源:铁路两侧30 km范围内的A级以上景区

3.2.2 中东铁路功能相关资源

中东铁路功能相关资源指与中东铁路运行管理直接相关的遗产资源,根据对中东铁路的实地调研和统计分析,中东铁路现存的运行管理遗产可细分为6类:包括桥梁类遗产、隧道类遗产、站房类遗产、附属建筑类遗产、设施及设备类遗产、相关管理机构类遗产。

1. 桥梁类遗产

桥梁是铁路建设中不可或缺的内容,例如在铁路经过大江、大河、溪流、山谷等自然地貌时,或是经过原有的公路、铁路时,必须通过建造桥梁来帮助连接铁路,使其成为一条连贯的线路。由于我国东北地区地形地势复杂多变,因此中东铁路就有很多铁路建设初期的桥梁类遗产景观。利用各种金属、石头打造的铁路桥梁跨越了公路、铁路、山谷、河流等地(图3.4),各式各样的铁路桥丰富了中东铁路的遗产景观类型。桥梁类遗产又可以细分为功能性的跨线桥、跨谷桥、跨河桥等;单孔石拱桥、多孔石拱桥、钢桁架金属桥、平板金属桥、钢筋混凝土桥等。据统计,中东铁路干线在修建初期拥有300多座桥梁,其中包括69座大型桥梁。

(a) 滨州铁路桥

(b) 绥芬河铁路桥

(c) 穆棱河石拱桥

图 3.4　中东铁路桥梁

2. 隧道类遗产

隧道类遗产是中东铁路的另一类遗产景观类型。在中东铁路修建初期,当时火车的动力牵引为蒸汽机,以蒸汽机牵引的火车在平路上可以自如运行,而在坡度较为陡峭的山地上就会引力不足,需要加挂补机增加动力进行牵引,导致工作量及工作难度大大增加和提高。因此,在中东铁路修建过程中,当需要翻越山脉时,为降低坡度爬行带来的难度及缩短线路运行的距离,都尽可能以隧道的形式进行连接。本书共调研了6处典型隧道类遗产景观,分别为西线的大兴安岭隧道,东线的大观岭隧道、杜草隧道,以及绥芬河一、二、三号隧道,其中大观岭隧道、绥芬河一号隧道、绥芬河三号隧道如图3.5所示。

(a) 大观岭隧道

(b) 绥芬河一号隧道

(c) 绥芬河三号隧道

图 3.5　中东铁路隧道

3. 站房类遗产

站房在铁路遗产景观中占有特殊的地位,它是交通枢纽的中心标志,在中东铁路建设之初,在形态设计、精细程度上与其他建筑遗产景观有所区别,因此被单独归类为站房类遗产景观。站房即车站,车站是人流、物流的集散地,是办理各种货物装卸、运载的中心基地,它是旅客和物资运输的纽带。因此,一个地区的经济贸易发展情况、铁路整体运营状况通过车站可以一目了然。同时,车站也处理火车运行的相关事宜,例如,装卸货物、接车、发车、越行、会让;火车本身的编组、解体;火车的检修整备、挂换等复杂烦琐的工作。在中东铁路建成之初共设有 6 个等级的站房,按照其政治、经济区位等因素来划分等级。中东铁路建成初期干线共有 104 个站点,其中营业站 55 个,共包括一等站 1 个、二等站 6 个、三等站 4 个、四等站 15 个、五等站 29 个、会让站 49 个。中东铁路建成初期火车站如图 3.6 所示。

(a) 昂昂溪火车站

(b) 红房子火车站

图 3.6 中东铁路建成初期火车站

4. 附属建筑类遗产

中东铁路也修建了附属的机车库、仓库、工务用房等,这些房屋根据车站等级有着统一的形式和标准,它们共同支撑着中东铁路系统的运行,因此将其归为附属建筑类遗产景观。机车库比较特殊,它是用于存放、维修蒸汽机车的,因此必须设在机务段或机务折返段之内,由于功能的特殊性,其形态根据站点规模的大小而定。后来,伴随着蒸汽机的淘汰,许多机车库的职能也随之转变,一些建筑作为遗产景观保留至今。中东铁路运行系统与管理职能的基本组织单元包括车务段、工务段、机务段、房产段、车辆段等,它们都拥有相应的配套设施和配套用房。仓库是为了满足货物装卸过程中的保存要求,防止环境、气候等因素对运输的货物造成损害,而临时保管货物的存储用房。工务用房又分为工区、领工区、道口房、巡守房及附属地带,这些工务用房供维修线路及养护等人员使用。

5. 设施及设备类遗产

设施及设备类遗产景观没有固定的形态模式及风格,例如,中东铁路遗留下来的铁路轨道、人行天桥、蒸汽机车、水塔等设施及设备类遗产景观。它们形态各异,基于材料与建造形式的不同,多以金属框架结构裸露于外部空间,因此充满了技术美学力量的视觉冲击。在这些设施及设备里,水塔为火车提供用水,为铁路配套用房提供生活用水。因此,水塔在铁路沿线大量存在,并且由于特殊的建筑风格而成为中东铁路重要的工业遗产景观。根据各地区铁路站房的用水量及居住区的水压,对水塔的尺寸及建筑的规模有所要求。例如,哈尔滨有一个用了4年时间建成的砖木结构的水塔,其是当时扬水量及规模最大的水塔。经过调研发现,中东铁路西部干线共有24处水塔遗产景观,其中12处保存完整、12处仅剩塔身与基座。除昂昂溪区的水塔结构为混凝土,其余均为砖石塔身及木质水箱(图3.7)。

(a) 中东铁路总工厂供水塔

(b) 碾子山水塔

(c) 满洲里水塔

图3.7 中东铁路水塔

6. 相关管理机构类遗产

中东铁路相关管理机构类遗产包括中东铁路管理局及下属机构的办公用房。中东铁路管理局设置了总务处、民政处、车务处、工务处、机务处、法律处、商务处、警署处等多个下属机构,例如中东铁路督办公署、中东铁路中央电话局等。

3.2.3 中东铁路历史相关资源

中东铁路历史相关资源是指某些虽然与铁路的日常运行没有直接联系,却是由于铁路建设、运输、商贸等因素而衍生出的资源,主要包括中东铁路工商业生产生活类遗产资源。

中东铁路工商业生产生活类遗产资源是指以中东铁路为媒介,俄国、日本等资本主义国家在中东铁路附属地内进行的工商业活动留下的相关建构筑物遗产。1903年,中东铁路正式通车,受中东铁路修建进程与规模的影响,铁路沿线在这一时期产生了大量工厂。随着工厂的数量增加,产业类型也变得多元化,促使为城镇服务的工商业开始兴起。中东铁路附属地因铁路的运营,其工商业变得日益繁盛。根据调研,现存中东铁路工商业生产生活类遗产可分为工业类遗产、商业类遗产和居住类遗产。工业类遗产包括加工铁路建设材料的工厂和仓库,如木材厂、枕木厂、钢材厂、轴承厂等,通过加工区域内的原材料为中东铁路建设提供所需的材料;加工铁路附属地内居民所需的生产生活用品的工厂和仓库,如火磨厂、啤酒厂、制糖厂、印刷厂等。随着铁路发展和附属地城市建设,这类工厂利用中东铁路的运输功能为铁路沿线区域供给产品,或开展商品进出口贸易。商业类遗产是指中东铁路修建时期的商业活动遗留下来的物质遗产,具体表现为各种商铺、旅馆等。居住类遗产主要指中东铁路管理人员的住宅、工商业名人的居所。中东铁路工商业生产生活类遗产可以按照历史年代、历史功能、再利用情况进行分类,以此深入了解中东铁路沿线该类遗产的情况(表3.2)。

表3.2 中东铁路工商业生产生活类遗产分类

分类角度	构成分类
历史年代	1898—1904年、1905—1919年、1920—1934年、1935—1944年、1945—1951年
历史功能	机车厂、制材厂、火锯厂、煤矿、纺织厂、火磨厂、制瓦厂、油坊、烟草厂、啤酒厂、制糖厂、印刷厂、商场、名人故居
再利用情况	保持原有功能、改为他用、已经废弃

1898—1904年,这期间是中东铁路开始修建至通车的初始阶段。因此,城市还未形成大规模的规划与建设,大量的修筑工作多集中于铁路工程、火车站及附属的配套设施,包括建设机车厂、制材厂、火锯厂、煤矿等,住宅大多是职工住宅,科教文卫设施也是针对修建中东铁路的工人而建设的。

1905—1919年,中东铁路沿线区域在俄、日的分别管理下呈现出不同的文化景观特色。1907年,中东铁路沿线的很多城市开埠以后,西方各国势力开始涌入,城镇工商业类型开始多元化,包括制糖厂、印刷厂、商场等。中东铁路沿线先后出现30多个国家的领事馆,以及各种科教文卫建筑,如图书馆、学校、医院、电影院等。

1920—1934年,此时我国开始逐步收回中东铁路哈尔滨至满洲里段、哈尔滨至绥芬河段、哈尔滨至长春段主权,中东铁路进入中苏共管时期,民族工业大量兴起,如纺织厂、啤酒厂等,这些民族工业大多为轻工业。

1935—1944 年,此时中东铁路的所有权归伪满洲国所有,实际由日本控制。战争使工业发展受到重创,这个时期除重工业、棉纺织业及少数粮食加工业之外,其余留存的工业较少。

1945—1951 年,中东铁路在中国抗日战争胜利之后又一次进入中苏共管时期,受战争等因素的影响,这个时期中东铁路工商业生产生活类遗产较少。

再利用情况分析是在现存的有形遗产要素的基础上展开的,对中东铁路的遗产进行详细的现场调研,能够对遗产的再利用情况进行翔实的了解,从而为后续的研究工作提供可靠的数据信息。再利用情况可以归纳为 3 种:第一种是保持原有功能,即对原有功能的沿用;第二种是改为他用,即改变历史的功能性质;第三种是已经废弃,即已经闲置或废弃不用。对中东铁路相关遗产的调查显示,至今为止仍然沿用或者与原有功能性质相同的工商业生产生活类遗产资源的比重较大,改为他用或已经废弃的工商业生产生活类遗产资源的比重较小。这说明大部分中东铁路工商业生产生活类遗产仍然保持着原有的功能与活力,但也有一小部分中东铁路工商业生产生活类遗产随着时代的发展,不能够满足当今时代的工商业发展需求。通过调研发现,这种并无实际功能的遗产,如工厂搬迁后废弃的厂房、仓库,在遗产保护过程中很多没有被赋予新的城市功能,直接导致了遗产保护的不力和资源的浪费。

3.2.4 遗产廊道空间相关的资源

遗产廊道空间相关的资源是指与遗产廊道主体没有明显的功能和历史联系,但其空间位置与遗产廊道主体相邻,即属于遗产廊道的其他旅游资源,包括自然景观资源和区域内除廊道遗产资源之外的文化景观资源。自然景观资源是遗产廊道产生和发展的区域环境,其与遗产廊道之间相互作用、相互影响。遗产廊道的旅游发展必然与周边区域有着密切的联系,遗产廊道与周边环境有着共同的内在发展需求,二者相互促进、互利共赢。环境对遗产廊道有两种输入:一种是环境为遗产廊道提供发展所需要的资源和其他条件,为积极的有利输入,称为"资源";另一种是环境对遗产廊道施加约束、干扰,甚至危害其发展,是消极的不利输入,称为"压力"。与此同时,遗产廊道对环境也有两种输出:一种是为环境提供功能服务,是积极的作用和有利的输出,称为"功能";另一种是遗产廊道的行为具有破坏环境的作用,是对环境不利的输出,称为"污染"。所以,遗产廊道与自然景观资源相互联系、相互作用,自然景观资源也是衡量遗产廊道旅游竞争力的重要因子,遗产廊道空间相关的资源对区域旅游发展具有重要影响。

中东铁路遗产廊道地处东北三省(辽宁省、吉林省、黑龙江省)与内蒙古东部地区五盟市(呼伦贝尔市、赤峰市、通辽市、兴安盟、锡林郭勒盟)构成的东北地理文化区,与俄罗斯、蒙古国、朝鲜三国交界,是东北亚经济圈核心区域。东北地区生态环境较好,自然与人文旅游资源丰富,拥有名山大川、森林、冰雪、滨海风光、工业遗产、边境风情、历史民俗、避暑度假、现代农业等旅游资源且其储备丰富,区域旅游发展潜力较大,目前是国内重要的旅游目的地之一。

2016年,中共中央、国务院印发《中共中央 国务院关于全面振兴东北地区等老工业基地的若干意见》,东北等老工业基地的全面振兴使区域旅游业迎来新的机遇和挑战,旅游发展潜力巨大。截至2024年6月,东北地区有国家5A级旅游景区25个,国家级旅游度假区5个,国家级滑雪旅游度假地11个,全国乡村旅游重点村镇168个。

中东铁路沿线自然景观类型丰富,西部满洲里至牙克石段为呼伦贝尔草原与丘陵景观,地处我国高平原地区,铁路沿线地势较为平坦、视野开阔。在内蒙古区域内中东铁路沿线地广人稀,以自然农耕经济为主,城镇化较慢,本段中东铁路沿线以大面积的自然景观资源为主,可以欣赏呼伦贝尔草原的一望无际及更广阔的远景风光,自然景观类型主要包括呼伦贝尔草原景观、海拉尔盆地丘陵景观及河滩景观。牙克石至碾子山段为大兴安岭山地景观,包括山间盆地、丘陵、山峦3种地貌形态,本段自然景观也较为连贯,视觉变化丰富。碾子山至玉泉段为东北平原农田与湿地景观,本段周围城镇密度相对较大,城市化程度相对较高,城镇间的自然景观以农田和湿地为主,地势平坦,视野开阔。沿线湿地景观区域自然生态环境较好,野生动物种类繁多,沿线自然景观、传统村落景观和现代农耕景观共同组成了本区域铁路沿线的景观。玉泉至绥芬河段为东北山地景观,属于长白山东北部的延伸部分,由张广才岭、老爷岭等山脉组成,本段的主要地貌是连绵起伏的山脉和山间谷地,铁路沿线流经多条河流,桥梁景观丰富,自然环境较好。哈尔滨至旅顺段沿线自然景观以东北平原农田景观为主,本段沿线城镇经济发展较好,城市化率较高,自然景观与较密集的城市群共同构筑了中东铁路南线的景观特征。

中东铁路所处的我国东北地区四季分明,温差变化较大,因此各季节自然景观特色鲜明。3月,东北地区的春季霜冻期逐渐结束,万物复苏,河流融化,植被逐渐发芽,铁路沿线开始呈现出生机勃勃的新绿景观。6月,进入夏季,气温舒适凉爽,树木茂盛的大兴安岭、一望无际的呼伦贝尔草原、水草丰美且芦苇丛生的湿地景观、世外桃源般的丘陵河谷盆地,都是夏季难得的避暑胜地。9月,秋季来临,气温开始下降,草原、山林、湿地和农田展现着不同的艳丽色彩,其与常绿树交相呼应,这是东北地区秋季独有的景观特色,连绵起伏的山峦变得缤纷多彩,金黄的草原、湿地和农田一望无际。11月,冬季即将来临,叶子纷纷落下,皑皑白雪覆盖中东铁路沿线地区的大地、山川、丘陵、平原、河流,人们可以通过滑雪、滑冰、冰雕、雪雕来体验大自然的无限乐趣。

3.3 中东铁路遗产廊道旅游发展现状分析

根据中东铁路遗产廊道的空间层次划分及各层次空间格局的构建目标,本节分别分析中东铁路遗产廊道3个空间层次的旅游发展现状,以使遗产廊道3个层次的空间格局构建更加具有针对性。为完成本书研究所需要的相关数据收集工作,我们针对中东铁路遗产廊道进行了3个层次的调研。首先,为满足城镇遗产空间网络格局构建的数据需求,对哈尔滨的遗产、街道现状、基础设施、景观资源进行调查。其次,为满足区域廊道构建需求,采取骑行结合步行的方式,对整个滨绥段529 km内的每个城镇的中东铁路遗产资源和沿线景观特征进行普查。最后,为满足整体廊道的构建需求,对中东铁路西线、南线和南满铁路重点城市进行普查,并结合对部分重要小站的调查,实现对整体中东铁路遗产廊道资源的宏观把握。通过梳理历史资料,结合实地调研,统计中东铁路沿线遗产廊道资源现状,并根据遗产的判别、登录标准进行系统的遗产资源登录。

3.3.1 遗产廊道旅游竞争与合作现状分析

中东铁路以"T"字形贯穿东北地区,连接区域内大部分经济发展较好的城市,遗产廊道内聚集了大量的自然、文化景观资源。中东铁路途经我国东北地区4个省份,东北地区一年四季温差变化极大,因此,铁路沿线四季景观各具特色。中东铁路沿线自然地貌变化丰富,基本展示了我国东北地区的自然资源景观特征。中东铁路遗产廊道旅游资源类型丰富、数量庞大、发展潜力巨大,整体廊道空间相接、交通便利,部分旅游资源认知程度较高,旅游客源市场潜力较大,区域经济不断增长,配套服务设施不断完善。

基于全域旅游视角分析中东铁路遗产廊道旅游发展缓慢的原因,共包括以下4点:一是区域整体经济水平较低、对旅游产业重视程度低、增长极城市的核心带动作用较弱、旅游基础设施有待进一步完善。东北地区作为老工业基地,产业发展不平衡,旅游产业发展滞后,大部分资源的潜力尚未得到挖掘,旅游产业经济总量小,经济效益垄断在少数行业,旅游业对区域其他行业和居民的影响较小,旅游产业整体水平有待提高。二是区域跨度大、缺乏区域合作、旅游布局混乱、缺乏差异化整体发展规划、旅游产品特色趋同。东北地区的旅游开发缺乏深度与广度,旅游产品相似度高,缺乏品牌吸引力。整个东北地区的旅游产品以冰雪旅游为主,但除冰雪旅游以外,缺乏品牌的影响力。三是缺乏全要素、全部门旅游发展理念,区域旅游基础设施匮乏,旅游服务管理能力较弱。粗糙的基础设施和粗放式管理模式导致整体服务质量偏低,影响了整体旅游业发展和旅游品牌形象的建立。部分旅游开发仅限于景区范围内,对区域整体环境质量的提升影响较小,而区域旅游信息网络平台尚未形成。中东铁路遗产廊道区域内大型基础设施及各种交通方式之间缺乏整合与系统的分工,只有少数几个城市有机场,但国际航空薄弱。中东铁路南线由高速铁路贯穿,交通较便利,东线和西线部分城市之间的高速铁路仍在建设中,而普通铁路和公路旅游相对耗时较长。四是缺乏全时空旅游发展理念。中东铁路遗产廊道内旅游发展季节性差异明显,冰雪旅游是区域特色旅游产品,12月到次年3月为旅游旺季,旺季旅游配套资源不足,而淡季又造成大量资源闲置,影响了旅游业的可持续发展,造成了资源的浪费。

遗产廊道各区域的核心资源都是中东铁路遗产,如不做系统区分,就会造成无序竞争。中东铁路遗产廊道地处东北地区,气候、环境相似,都具备开展冰雪旅游的潜质,不加以引导就会导致旅游产品特色雷同,耗费大量资源进行开发建设而收效甚微。中东铁路遗产廊道旅游发展要关注铁路周边的自然资源和环境质量,因此,可以区域整体利益为目标,在秉承各自文化特色的同时,制订规划策略,构建遗产廊道区段竞合发展格局,实现区域一体化互惠共生。要建立科学、合理的区段竞合发展格局,首先要进行合理的区段划分,还需对各区段进行旅游发展相关影响因子的定量评价分析。

3.3.2　遗产廊道城镇旅游发展现状分析

中东铁路遗产廊道区域内有很多著名的旅游城市,遗产廊道区域与韩国、日本、俄罗斯距离较近,且商贸往来密切,因此客源市场的潜力十分巨大,且区域地域文化特色鲜明,民风淳朴豪爽,一些城镇每年举办的各种旅游活动吸引了大量的国内外游客。

中东铁路遗产廊道区域内各城镇的工业遗产资源虽然比较丰富,然而并没有得到充分的开发和应有的重视,展示与参观是当下工业遗产的主要开发模式,形式单一且没有深入挖掘其历史文化价值和内涵等,也没有进行有效的保护式开发和利用。在整个工业化进程之中,工厂破产后,遗产丧失了其原有功能,我们应该对废弃的设施和厂房重新进行整合,与城镇规划相协调,发展工业遗产旅游,为城镇发展创造新的活力,然而大多数旧厂房和设施都是被遗弃、拆除或者转租作为仓库。

由于中东铁路沿线的很多重要的工业企业仍然在进行生产经营,受企业管理限制,工业遗产旅游发展阻力较大。一些倒闭的工业企业很少会直接被作为旅游资源开发。这种情况的成因在于:首先,开发工业旅游的收益慢但投入大,其经济效益不显著,导致中东铁路遗产廊道区域内各城镇的政府和居民并不认可投资旅游业。其次,各企业并不了解旅游相关行业,由于畏惧陌生领域带来的风险,不愿贸然进行较大的跨行业发展。因此,若想在中东铁路遗产廊道区域内开发工业遗产旅游并使其得到充分发展,需要各城镇的企业、政府和社会组织等共同努力。

目前,哈尔滨、长春、沈阳和大连4座城市在区域内已经成为旅游发展核心增长极,其中中东铁路遗产相关旅游发展得相对较好。阿城、帽儿山、一面坡、横道河子、绥芬河、满洲里、扎兰屯、昂昂溪、大庆、龙江、四平、公主岭、大石桥等城镇,也进行了中东铁路相关遗产的旅游开发,由于资源的质量较高,这些城镇有较大的遗产旅游发展潜力。但由于自身核心竞争力较弱,又没有站在区域整体布局的角度进行错位发展,因此并没有实现整体遗产廊道区域的资源优势互补。这些旅游业刚刚起步的城镇直接与区域内的核心增长极城市进行竞争,造成旅游业发展缓慢,资源严重浪费。还有一些城镇中东铁路相关建筑的建设量较小,在城镇发展过程中又没有注重遗产的保护,导致中东铁路功能相关资源所剩无几,虽然有一些中东铁路历史和空间相关资源,但遗产旅游发展潜力较小。

由于中东铁路沿线各城镇的资源、服务基础设施和经济发展水平不同,因此不能对各城镇的遗产旅游同步进行开发。遗产格局破碎化比较严重的城市和大部分小城镇,遗产旅游开发还处于原始阶段,基础的遗产保护工作尚没有进行。一些小城镇虽具备较好的遗产资源和自然资源环境,但并未加以重视,任由各种人为破坏和自然腐蚀,破坏了中东铁路遗产廊道空间格局的整体性,也未实现区域遗产资源的价值,没能有效利用遗产资源和遗产廊道整体环境优势推动城镇文化保护和经济发展。

中东铁路沿线城镇间的遗产旅游发展缺乏系统的管理和规划,各城镇无法借助整体区域发展促进自身遗产旅游发展。城镇遗产旅游发展缺乏整体区域角度的定位,较大程度上制约了这些城镇遗产旅游的发展。对于中东铁路沿线各城镇的整体发展,历史已经为中东铁路提供了明确的发展轴线,区域可以应用点轴发展模式,从全域旅游视角出发,通过对城镇节点旅游发展潜力的评价,进行分层次、有秩序的旅游发展整体格局构建,从而实现区域可持续发展。

城市文脉保护与遗产资源保护、利用息息相关,城市文脉是指在历史发展过程中,自然环境、建成环境、社会文化和人的行为心理4类要素构成的联系,整体性是其重要的评价标准,城市文脉的各要素不是孤立存在的,它与相邻的要素融合为一个整体,是一种动态的内在联系的总和,建成环境是城市文脉的重要载体,承载了城市物质文化的记忆功能。在城市发展过程中,历史建成环境保存越完整,城市的历史发展脉络就越清晰。由于老城区的大规模改造,今天很多城市的建成环境遗产破坏严重,没有了建成环境遗产,城市文脉就会被切断,城市现有的景观特色就成了无源之水。

中东铁路遗产廊道内的许多城镇都是由车站发展而来的,等级较高的车站在中东铁路建设之初就规划了城市构架的雏形。中东铁路沿线的很多城镇具有相似的布局模式,不同等级的街道经纬交错,构成了城镇的整体格局。火车站处于历史城区的核心位置,由火车站辐射出的主要街道成为城镇的主轴线。在重要的车站,城市的远期规划在建设之初就已经完成,如哈尔滨和大连作为中东铁路始建时期规划的两个一等站,其早期城市规划涉及铁路附属地以外的更大区域,达到了当时国际较高的规划水平,非常注重道路网的结构和它对城市空间所起的核心作用。对于级别较高的街道,充分考虑了其道路宽度、两侧建筑的退让距离、绿化带的宽度等。规模较小的车站主要考虑俄侨和铁路职工居住的社区布置,基本功能包括居住和医疗卫生,主要形态为早期车站功能划分出的条形生活区。由较大车站发展而来的城镇,区域划分和功能类型更为多样,如行政区、居住区、商业区和工业区的划分,形成了多种不规则图形的空间布局。在中东铁路沿线因铁路而产生和发展的城镇中,火车站和铁路作为城镇发展的核心要素,起到了统摄全局的作用。在中东铁路沿线城市的早期规划中,经常采用分区经营管理的方式,进行居住区、管理区、商业区、工厂区等的划分,不同的区域根据与铁路的功能关系和社会地位进行相应的选址和建设,与铁路直接相关的管理区和工厂区一般邻近铁路设置。俄侨居住区的建筑水平和环境质量较高、服务设施齐全,华人居住区则大多经济条件较差、环境拥挤、设施简陋。如哈尔滨的傅家店(1907年改称傅家甸,现属于道外区)就是华人居住区,与俄侨集中的新市街(现南岗区老城区)和埠头区(现道里区主要部分)形成了对比;大连也根据功能和使用者划分了4个区域,包括官邸区、行政区、欧洲区和中国区,这种分区方式形成了独特的城市空间文化景观格局。

3.3.3 遗产资源特征与旅游发展现状分析

1. 中东铁路遗产资源特征分析

中东铁路相关遗产具有鲜明的文化和艺术特征,体现了多元的文化类型,这些特征承载了中东铁路遗产廊道的文化内涵和历史烙印。多元文化特征是中东铁路遗产的突出特色,这些遗产利用其文化特征默默地述说着各自的历史文化背景,共同勾勒出遗产廊道区域的历史文化脉络。

许多国家将本国的文化传播到中东铁路沿线区域内,并与东北地区的本土文化相融合,形成了今天中东铁路遗产廊道区域内多元的文化特征。大量的移民带来了各自的文化,随着一个多世纪的历史发展,这些文化对遗产廊道最大的影响体现在保留下来的建筑遗产的各个方面。中东铁路建筑相关遗产体现的文化主要包括俄式建筑文化、日式建筑文化、折中主义建筑文化和新艺术运动建筑文化。除上述4种文化外,体现犹太建筑风格的遗产数量也相对较多。

俄罗斯风格建筑主要包括俄罗斯东正教风格和俄罗斯传统田园风格建筑。

俄罗斯东正教风格建筑以教堂建筑为主,这种风格的建筑曾经是中东铁路附属地内的标志性建筑,如哈尔滨的圣·尼古拉教堂和圣·索菲亚教堂、横道河子的圣母进堂教堂、大连的东正教大教堂,以及满洲里、扎兰屯、绥芬河、德惠等站的东正教教堂。东正教风格建筑以砖石结构为主,构成形式独具一格,复杂精美的层次叠砌架构与洋葱头穹顶完美结合,建筑整体稳重、浪漫、富有韵律。俄罗斯传统田园风格建筑包括砖石结构、木刻楞和板式木结构等,以小型公共建筑和住宅建筑为主。这些建筑使用木材和砖石等自然材料并中和刚性的铁质材料,达到刚柔并济的效果。以木雕和砌筑手法作为装饰,建筑形式高低错落,多为坡屋顶,整体建筑形式精美、特色鲜明,如旅顺火车站、哈尔滨的江畔餐厅、一面坡的木刻楞、横道河子的俄式木屋等。

日本建筑文化的正式传播开始于日俄战争结束后。东北地区的典型日本建筑多属于西方古典主义风格,其受哥特风格、新古典主义风格和希腊复兴风格的影响较大。19世纪30年代,日本产生了帝冠式建筑,其是拥有日式屋顶、用钢筋混凝土建造的现代建筑。帝冠式建筑是东北地区体现日式建筑文化的典型建筑,因为这类风格的建筑多为一直使用的大型办公建筑,所以此类建筑保存较好,如伪满洲国国务院旧址、伪满洲国综合法衙旧址等(图3.8)。

(a) 伪满洲国国务院旧址

(b) 伪满洲国综合法衙旧址

图3.8　日本风格的建筑遗产

折中主义建筑风格在19世纪上半叶至20世纪初流行于欧美,是将两种或多种建筑风格进行融合、拼贴,从而得到的一类建筑风格,讲求比例均衡,不讲求固定的法式,注重纯形式美。折中主义风格并不属于某个地理文化区,而是一种建筑创作理念和手法。由于中东铁路遗产廊道的文化多样性,区域内多元化的折中主义建筑类型,体现了当时区域内建筑创作的自由、开放状态。中东铁路遗产资源中折中主义风格的建筑代表作有:中东铁路俱乐部旧址(现为哈尔滨铁路博物馆)、敖连特电影院旧址和哈尔滨一等邮局旧址等(图3.9)。

新艺术运动在19世纪80年代诞生于比利时布鲁塞尔,这种风格在建筑中仅限于体现在艺术形式和装饰手法上,是从形式上反对传统的一种建筑风格,其风

(a) 中东铁路俱乐部旧址　　(b) 敖连特电影院旧址　　(c) 哈尔滨一等邮局旧址

图 3.9　折中主义风格的建筑遗产

格形成的基础是拉斐尔前派的浪漫主义、纳比派的象征主义、神秘的东方艺术和英国的工艺美术运动,在形式上追求自然、抽象。新艺术运动风格在 1880—1910 年流行于欧洲和美国,具有极强的建筑装饰色彩。中东铁路沿线的新艺术运动风格的建筑,涵盖了办公建筑、商业建筑、旅馆、住宅、火车站等,类型丰富、规模较大,其建设时间多在 1898—1930 年,主要集中在哈尔滨南岗区和道里区。多采用朴素的建筑材料,如铸铁、面砖、瓷砖、玻璃、天然石材、木材等。对于初期的建筑色彩,以铁路局为代表的大型建筑采取含蓄的灰色调;小型居住建筑以明亮的土黄色为基调,间以赭石、墨绿的局部构件;后期发展为以土黄色及白色为基调。新艺术运动风格的建筑体量特征与近代其他风格的建筑比例尺度基本一致,后期的建筑形体相对更自由一些。建筑立面几何图形的宽高比,常按照正方形比例划分,或者按照黄金分割比(1∶0.618)划分。墙面通过横纵线条将立面划分为亲切的小尺度。中东铁路建设初期的新艺术运动风格的建筑,在哈尔滨的遗存数量较多,主要功能为大型公共建筑,如俄国驻哈尔滨总领事馆旧址之一(现哈尔滨工业大学博物馆)、中东铁路管理局旧址(现哈尔滨铁路局)、中东铁路局局级官员住宅旧址(图 3.10)。

(a) 俄国驻哈尔滨总领事馆旧址　　(b) 中东铁路管理局旧址　　(c) 中东铁路局局级官员住宅旧址

图 3.10　新艺术运动风格的建筑遗产

2. 中东铁路遗产资源旅游发展现状分析

随着可支配的时间和收入的不断增多,我国居民外出旅游的次数也不断增加。目前游客对旅游内容、形式、产品等方面产生了更多样、更高端的需求,而遗产旅游作为一种新型的旅游模式,不仅具有趣味性,还更具知识性,能更好地满足游客重视的文化、体验等方面的旅游需求,因而更加符合时代发展的趋势。中东铁路遗产廊道区域内特色鲜明的遗产旅游资源,可以在一定程度上提升区域旅游的吸引力和竞争力。

遗产资源是中东铁路遗产廊道特色资源的核心,遗产廊道区域发展首先要考虑的是遗产的保护与利用。经历了中华人民共和国成立初期的工业发展高潮等,中东铁路遗产廊道区域内的城镇形成了较为完善的工业体系,从而产生了丰富的工业遗产旅游资源。经历了120多年的岁月沉淀,中东铁路相关遗产已演化为城市景观的核心特色类型、城市历史文化的重要组成部分。对中东铁路遗产进行有效保护与利用,既能体现东北地区的历史文脉,又有助于提升区域的文化形象和旅游吸引力。中东铁路遗产廊道的空间格局构建,能够充分发挥中东铁路遗产的潜在价值,展示区域文化内涵,促进东北地区的经济发展,实现遗产保护和区域经济发展的双赢。

随着历史的变革、铁路技术的更新、城市发展重心的转移,很多中东铁路附属建构筑物失去了其原有的功能价值,但其见证价值正在不断提升。然而,只有一些重要的典型建筑得到了很好的保护,被赋予了新的功能价值,大多数的建构筑物被作为民宅或荒废,没有得到合理的保护。中东铁路的很多小站位于沿线村镇区域内,由于村镇经济发展速度较慢,这些位于村镇内的中东铁路遗产保存得相对完整,这类遗产占中东铁路遗产的比例较大,但很多没有被纳入保护体系。在对这些村镇内的遗产进行调研时发现,使用者对这些遗产的反馈、评价常常是"要动迁吗?""有什么值得保留?""居住条件差!"等。使用者对这些遗产的态度,导致对一些遗产的保护措施难以落实。

中东铁路沿线遗产保护和城镇发展更新矛盾突出,致使中东铁路遗产遭到破坏和拆除,这些重要的中东铁路遗产正在不断消失,遗产廊道整体格局逐步恶化,景观破碎化日益严重。例如,高铁与原中东铁路比邻修建,而中东铁路沿线又聚集了大量的建筑遗产,高铁的修建对所经过区域的中东铁路遗产造成了一定程度的毁坏。在中东铁路西线沿线的高铁工程建设过程中,安达火车站行李房、安达火车站俄式老站长室、肇东火车站行李房、庙台子俄式冰窖、姜家俄式仓库和俄式老站舍、杜尔伯特蒙古族自治县烟筒屯俄式水塔7处遗产得到了合理的保护,有的选择整体平移出施工范围,有的选择使高铁线避让保护建筑,但是更多的普通历史建筑则在高铁建设过程中被拆除了。

很多中东铁路沿线城镇遗产资源消失的速度仍然较快,历史空间格局破碎化严重,城市文脉模糊,缺少遗产空间的历史与功能联系网络,缺乏解说系统,没有主题游憩线路,没有与城镇游憩系统相结合,主要以景点、景区模式进行旅游开发,景点旅游资源分布严重不均衡,有的景区过于热门,有的景区无人问津,有的季节人满为患,有的季节却非常冷清,导致了大量旅游资源的浪费,制约了区域旅游发展。同时,这种开发模式主要针对景区、景点范围,对城市整体形象的优化和对市民生活的改善影响较小,没有实现旅游惠民、旅游为全民服务,导致当地居民对遗产保护和旅游发展参与热情不高,进一步加大了遗产保护的难度,限制了旅游发展速度。

目前,政策的引导和政府的支持使得中东铁路沿线遗产旅游迅速发展,沿线城镇逐渐开始进行有意识、有规划的遗产旅游开发。遗产资源的旅游发展潜力逐渐得到清晰的认识,遗产旅游项目不断增多,有的旅游产品的竞争力开始凸显。但整体来看,遗产旅游尚处于起步阶段,在发展模式和机制等方面都有待完善,资源类型的相似性导致各旅游项目具有较强的可替代性,因此中东铁路遗产廊道资源不得不面临全国范围内日益激烈的市场竞争。除此之外,遗产旅游在中东铁路遗产廊道区域内尚未成形,在旅游产品结构、吸引力等方面尚无法与常规旅游相抗衡,目前传统旅游产品仍是该区域游客主要的选择对象,因此遗产资源还面临着与其他类型旅游资源的激烈竞争。

第4章　中东铁路遗产廊道竞合发展格局构建

竞合发展格局即竞争与合作相结合的空间发展战略，以竞争促进遗产廊道各区段自我完善，以合作促进整体竞争力的提升。中东铁路遗产廊道依托相关遗产及沿线其他旅游资源，结合周边自然和社会环境构成线性遗产区域，涉及东北地区4省所辖的多个城镇区域。为了提升遗产廊道区域整体的旅游竞争力，需要充分挖掘廊道内各区段的旅游资源特色，并进行区段间的分工合作。本章根据中东铁路的发展历史和区段特征，将中东铁路遗产廊道划分为4个区段。廊道内各区段旅游发展不平衡，旅游资源雷同，无序竞争频发，旅游发展水平存在明显差异。这种竞争和差异既为中东铁路遗产廊道旅游发展带来了机遇，也带来了挑战，同时也为多样化、优势互补的遗产廊道旅游空间格局构建提供了可能。本书将在全域旅游视角下，根据区域竞合理论，对中东铁路遗产廊道分区段进行旅游发展评价分析，从宏观角度对各区段进行竞合发展战略分析，以期把控中东铁路遗产廊道的旅游发展定位及各区段的发展模式。

本章将竞合的概念应用于区段层面，探讨了区段竞合的理念与内涵，明确了区段竞合的研究意义。通过将遗产廊道各区段的竞争力建设与区段间的旅游合作发展相关联，建立了一个宏观的空间发展框架，揭示了遗产廊道区段竞合的内在机制。在这个理论框架中，首先，将竞争优势理论与遗产廊道区段竞合战略相联结，指出遗产廊道竞争力提升可以看作是各区段竞合与多尺度格局构建的综合发展目标，区段竞合可视为遗产廊道旅游竞争力提升的一个重要宏观途径，作为经济全球化背景下旅游竞争的一种区域响应。随后，通过将遗产廊道区段旅游发展的影响因子与区域竞合理论相联系，指出由于各区段旅游资源的差异，各资源要素处于不同旅游发展阶段，遗产廊道各区段在竞合中往往有不同的目标诉求，以实现自身的旅游竞争力提升，即不同区段的不同目标诉求与其所处的竞争优势相对应，通过区段竞合将各区段的竞争力提升与遗产廊道整体旅游发展相联结。

本章针对整体遗产廊道层面，将遗产廊道区段旅游发展评价体系的构建分成3个指标层，包括区段资源条件、区段社会条件、区段发展潜力，并将指标层细分为区段连通性、资源质量状况、资源要素价值、区位条件、经济与文化条件、旅游客源条件、旅游发展潜力7个要素层和21个具体评价因子。对遗产廊道的区段旅游发展评价，可为遗产廊道的区段竞合发展规划提供科学依据。基于竞合理论，建立中东铁路区段旅游发展评价指标体系。通过对中东铁路各区段发展价值的评价,得到各区段要素层得分和区段旅游发展价值得分,可为遗产廊道区段竞合发展策略提供科学、精确的定量数据,是确保廊道宏观竞合发展策略科学、可信的必要条件。通过比较各区段的要素层得分,了解区段各类要素的比较优势,分析中东铁路遗产廊道区段合作需求,构建整体廊道区段竞合发展格局。区域旅游竞合为应对激烈的旅游竞争提供了另一种思路与出路,本书所建立的遗产廊道区段竞合理论框架及分析方法,可为这一方向的后续研究提供参考。

4.1 遗产廊道竞合发展格局构建基础

4.1.1 竞合理论与遗产廊道旅游发展

竞合理论就是联合各区域的相对优势,共同开拓旅游市场,打造更具影响力的旅游产品,产生规模效应、协同效应、成本效应等一系列良好的连锁效应。区域之间的旅游发展相关研究主要集中在区域间的旅游竞争和旅游合作两个方面展开。区域间旅游的合作与竞争看似矛盾,其实二者相互依存、互为前提、互为因果。客观竞争普遍存在于不同的旅游区域之间。随着近年来全球旅游业的迅猛发展,无论是国内旅游市场,还是国际旅游市场,区域间及区域内部各旅游资源之间的竞争都日趋激烈。许多地区为了在激烈的旅游市场竞争中提高竞争力,获得更多的客源、更高的经济效益,不考虑自身的资源条件与市场发展需求的现实情况,不了解自身在更大区域范围内的旅游发展定位,盲目开发,导致邻近区域旅游产品重复建设、大区域旅游体系破碎化、无序竞争和资源浪费现象比较严重,造成区域整体旅游竞争力弱,阻碍区域旅游发展,没有形成区域旅游产业整体效益。因此,要通过遗产廊道各区域的旅游合作,来实现旅游一体化发展,共同开拓旅游市场,从而进一步提升区域的整体形象并提高区域内旅游产业的整体竞争力。

国内外学者对区域旅游竞合的研究始于20世纪80年代,区域旅游竞合的相关研究文献从不同的视角、针对不同的对象分析了区域旅游的合作与竞争,提出了区域旅游的竞合策略,研究了旅游竞合与区域旅游整体发展的相互关系。从区域旅游竞合相关的国内外文献可以看出,国外学者在该领域相对较早地展开了有关研究,在系统论和竞争优势理论等理论框架的指导下对区域旅游竞合进行了研究,针对区域内各旅游地的政府之间、旅游部门之间和旅游相关行业之间的竞合关系进行了大量实证研究。国内2002年之后才出现研究区域旅游竞争与合作关系的相关文献。相关领域学者近年来不断探索,在区域旅游竞合的研究领域引入了博弈论、共生理论及生态位理论等跨学科的相关理论,积累了大量的研究经验和成果,重点在概念、发展途径、竞合模型等方面深化了区域旅游竞合的相关理论与方法体系,但针对大尺度区域的旅游竞合机制、竞合模式等内容还缺乏深层次的研究。

遗产廊道各区域之间不可避免地存在着相互竞争的关系,同时也需要系统的合作。区域旅游市场的争夺导致了竞争,而合作才是实现经济效益最大化的重要途径。因此,要实现遗产廊道旅游业的可持续发展,各区域之间的旅游发展关系应遵循全域旅游发展理念,尽快改变恶性竞争的现状。根据遗产廊道的全要素、全时空发展原则,首先应加强遗产廊道内各区域的合作,分析各区域旅游资源的特色,实现遗产廊道内各部分与整体大区域的统一协调发展。分析竞合主体与竞合内容是遗产廊道各区域之间发展旅游的前提,从而将遗产廊道打造成一个整体旅游产品,同时强化各部分的旅游特色优势,进而在更广泛、更大尺度的旅游市场竞争中健康、持续发展。

遗产廊道旅游竞合的基本发展模式是在合作发展中竞争,良性的竞争可以促进区域间旅游业的深度合作,进而提升遗产廊道整体旅游的竞争力。参与旅游竞合的各主体借助彼此的资源放大自身的竞争优势,降低了旅游发展建设的成本。但是,在旅游竞合发展过程中,要求各区域以整体廊道发展为首要目标,必要时要为整体的发展做出让步。各主体的旅游资源整合后,能够形成有效的旅游资源优势互补,增强彼此的旅游吸引力。

竞合理论在中东铁路遗产廊道旅游发展中的应用,主要是基于全域旅游和比较优势理论视角,推动遗产廊道旅游竞合发展格局的构建。历史文化和资源环境的质量和容量、旅游业的相关政策、旅游管理和服务水平等因素都会影响各区段的旅游竞争力。中东铁路遗产廊道各区段的旅游资源存在品质和类型等方面的差异,导致了各区段旅游特色和竞争力的差异。中东铁路遗产廊道的整体发展需要内部各区段旅游资源的优化配置、优势互补,旅游收益的合理分配,中东铁路遗产廊道旅游发展需要在竞合理论的指导下制订整体发展规划。

4.1.2 遗产廊道区段划分与特征差异

本书研究的区域竞合主要是针对全域旅游视角下中东铁路遗产廊道各区段旅游资源的宏观竞合,是遗产廊道内各区段旅游资源之间的优势互补、协调发展。实现遗产廊道全域旅游发展一体化,即实现各区段间旅游资源的竞合发展,所以本书研究的竞合主体是根据景观资源的特色对遗产廊道划分的各个区段,各区段间各部门、各行业的竞争是竞合发展参考的辅助因素。

1. 中东铁路遗产廊道区段划分的依据

中东铁路以哈尔滨为中心,东至绥芬河、西至满洲里、南至大连,中东铁路全线建设完成时,干线和支线全长 2 426.5 km(不包括中东铁路通车后继续扩建的支线)。中东铁路干线从满洲里至绥芬河,全长1 481.2 km,中东铁路支线从哈尔滨至大连,长945.3 km。中东铁路长春以南为南满铁路,南满铁路的建设和管理与主线相对独立,长春至旅顺的南满铁路段可作为单独的景观单元来研究。因此,从1905年开始中东铁路就被分成了4部分:中东铁路东线、西线、南线和南满铁路。

当时的东北行政区划与现在大不相同,哈尔滨至满洲里段全长934.8 km,中东铁路建设及运营时期本段位于原黑龙江省境内;哈尔滨至绥芬河段全长546.4 km,历史上位于原吉林省境内;哈尔滨至长春段全长242.1 km,位于原吉林省境内;长春至旅顺的南满铁路段全长703.2 km,主要位于原辽宁省境内。因此,结合中东铁路的历史功能和空间格局、东北地区历史上的行政管理格局,将中东铁路遗产廊道整体分为以上4个区段进行研究。根据铁路系统的功能结构需求和政治经济目的,每个区段内都包含一等站、二等站、三等站、四等站、五等站和会让站6个等级,除了办理客货运输业务,还要负责与列车运行相关的事宜,例如,列车的接发、越行、会让、编组、解体和机车的换挂、检查、修理、整备等。在功能、服务方面都包括管理、教育、医疗、娱乐等类型,各区段的功能和文化相对完整,在自然环境、历史背景、文化构成、功能构成等方面各区段有同有异,具备了初始的竞合条件。

中东铁路遗产廊道4个区段的区位概况如下:

滨洲段途经哈尔滨、绥化、大庆、齐齐哈尔和呼伦贝尔5座城市,历史上共有73个火车站,其中一等站1个、二等站4个、三等站2个、四等站3个、五等站22个、会让站40个(附表1.1),交通基础设施发展较慢,以铁路和公路为主,只有哈尔滨至齐齐哈尔段有高速铁路。

滨绥段途经哈尔滨和牡丹江两座城市,历史上共有67个火车站,其中一等站1个、二等站4个、三等站10个、四等站36个、五等站6个、会让站10个(附表1.2),中东铁路遗产资源保存较完整且相对集中,能体现建设之初完整的铁路段功能布局,是展现中东铁路工业文化的理想区域。由于近年来出境旅游比较热门,绥芬河作为交通较方便的陆路口岸,距符拉迪沃斯托克(海参崴)较近,因此其边境商贸旅游发展迅速。

哈长段途经哈尔滨和长春两座城市,主体位于吉林省境内,连接哈尔滨和长春,段内交通便利,哈大高速铁路与本段铁路比邻。

南满段途经长春、四平、铁岭、沈阳、辽阳、鞍山、营口、大连8座城市,本段主体位于辽宁省境内,区域交通优势明显,旅游资源丰富,而且还具有较好的经济基础。段内交通便利,哈大高速铁路与南满铁路比邻。

2. 中东铁路遗产廊道各区段的特征差异

中东铁路遗产廊道虽整体地处我国东北地区,但由于区域地理跨度较大,各区段呈现出明显的自然景观差异。中东铁路滨洲段(哈尔滨—满洲里段)沿线的自然资源丰富,主要包括湿地、山林、草原、沙漠、湖泊等,坐在火车或汽车上就能感受到不同自然环境景观的变化。沿线还有众多国家级和省级森林公园、自然保护区、地质公园、草原、湿地等,如扎龙国家级自然保护区、五大连池世界地质公园、扎兰屯秀水国家湿地公园、呼伦贝尔草原、龙凤湿地等优质的自然景观资源。沿线区域地处我国最北端,夏季凉爽,再加上丰富的自然资源、众多的江河湖泊和浩瀚的林区,是避暑旅游的绝佳去处。中东铁路滨绥段(哈尔滨—绥芬河段)处于中温带,山区冬季雪量大、雪期长、雪质好,适于滑雪旅游。除了哈尔滨冰雪大世界,滨绥段沿线著名冰雪类景点还包括哈尔滨亚布力滑雪场、海林雪乡、中国雪谷等。中东铁路哈长段(哈尔滨—长春段)沿线有丰富的人文、自然旅游资源,包括长白山、高句丽古迹、向海国家级自然保护区、防川景区、吉林松花湖、净月潭国家森林公园、查干湖等。中东铁路南满段(长春—旅顺段)主体位于辽宁省境内,辽宁全省共有9处国家级风景名胜区、2座国家历史文化名城、159处全国重点文物保护单位、32处国家森林公园。

中东铁路遗产廊道内的俄、日、中式建筑文化圈,是中东铁路文化的载体,其在遗产廊道内传播、交流、渗透、影响,最终形成了独特的区域多元文化特征。依照文化影响的重要程度,我们可以进一步将中东铁路遗产廊道建筑文化划分为4个次一级文化圈,具体包括:滨洲段为俄蒙文化圈、滨绥段为俄金文化圈、哈长段为俄满文化圈、南满段为中日文化圈。

以俄蒙文化圈为例,中东铁路遗产廊道滨洲段地形以山林和草原为主,住着蒙古族、满族、汉族、俄罗斯民族等居民,俄蒙文化圈内的本土特色建筑为蒙古包,外来主要建筑为俄罗斯风格建筑。随着建筑的不断演进,文化圈内的建筑装饰语言也在不断融合、相互借鉴。沿线的北方少数民族特有的民俗风情,也是区域内的重要民俗旅游资源,包括以狩猎为生的鄂伦春族、以牧业为主的达斡尔族和蒙古族,区域内少数民族相关的景点、景区包括成吉思汗陵园、辽上京遗址、辽中京遗址、大明塔等。南满段以日本建筑文化为主,以大连、沈阳和长春体现得最为突出。从中原核心文化角度来看,东北地区整体处于边缘位置,沈阳和辽阳一带在遗产廊道范围内城市历史较悠久,相对靠近中原核心文化,建筑形式受我国传统建筑文化影响较大。

总体来说,中东铁路遗产廊道各区段的特征和差异主要体现在自然地理风貌、本土文化背景和外来文化传播源地上;连续性体现在气候条件、中东铁路建设初始阶段的文化传播处于同一个区域经济圈内。

4.1.3 遗产廊道竞合发展机制与格局构建原则

区域旅游竞合的目的是实现区域旅游效益最大化,使参与竞合的各主体实现共赢。在利益的驱动下,区域间的竞合关系日益紧密,竞争是追求利益的原始反应,是发展的动力,合作则是利益不断扩大并可持续的保障,构建各竞合主体之间的竞合机制对区域有序发展具有重要作用。伴随着东北地区全面振兴的推进,各区域都在追求旅游效益的最大化,建立与遵循中东铁路遗产廊道各区段旅游竞合发展机制与原则具有重要意义。本书结合遗产廊道旅游发展现状,打破原有行政区划界线,构建中东铁路遗产廊道的区段竞合发展格局,考虑各竞合主体的相关利益诉求,以期实现遗产廊道资源与管理的一体化发展,从而在更大范围的旅游市场中立足。

1. 遗产廊道竞合发展机制

(1)制度机制。

制度化是保证遗产廊道区段旅游持续、健康、合理地竞合发展的有效方法。一方面,制度本身具有管控力,可为竞合主体提供发展保障。另一方面,合理的制度可以通过鼓励和激发作用来提高效率,从而间接地解决旅游发展过程中的诸多矛盾。制度化可以有效化解和防止各区段竞合过程中的冲突,在遗产廊道区段旅游竞合中,各区段追求的目标利益各不相同,在政策执行过程中难免发生冲突,所以需要通过制度的建设来规范各竞合主体的行为。

中东铁路遗产廊道区段旅游的竞争与合作关系,从整体上看目前仍处于非制度化的发展阶段,各区域的合作较多采用对话形式进行,这种非制度化的合作形式随意性较强,缺乏对合作行为的约束性,导致各区域的合作关系难以持续。因此,遗产廊道的区段旅游竞合需要以制度化作为保障机制。

首先,要建立完善的竞合发展管理制度,消除行政区划的限制和封锁,鼓励区域开放发展,避免各竞合主体各自为政。同时,还要将资源开发利用与相关的管理工作相融合,避免旅游地单打独斗这种不合理的开发方式。

其次,使区段间的竞合协议制度化,加强竞合协议的法律效力。各区段管理部门签订竞合协议时,针对协议的时间、范围、影响力等一系列关键问题应尽量阐释清晰。由于各方面的因素,目前国内区域旅游合作协议大部分没有明确时间范围,对于协议的开始和结束时间未有效约束,给区域合作造成了不便。范围则涉及管理部门、区域内居民和游客等多个方面,尤其不能忽略当地居民和游客在遗产廊道区段旅游竞合中起到的作用,因为他们是旅游主体中最关键的角色,往往能产生巨大的积极或消极影响。这里说的影响力包括旅游竞合协议与各地的规章制度、规划政策之间的相互关系,其影响到协议能否有力推行。

再次,使工作会议制度化。各级政府每年都会召开年度旅游工作会议,可以借此将遗产廊道区段旅游发展纳入会议议程,会议内容包括竞合发展主题,围绕主题确定区段旅游竞合的目标、原则、方法和对策,从而达成区域旅游发展共识。

第4章 中东铁路遗产廊道竞合发展格局构建

最后,使管理机构规范化和制度化。为保证区段旅游竞合的效益长期可持续和竞合发展的连续性,需要成立中东铁路遗产廊道旅游管理部门,负责竞合相关内容的确定和监督,根据各区段旅游资源的区位特征和发展目标,完成确定竞合方案、竞合过程管理、竞合效果评估等工作;负责协调遗产廊道各区段的竞合关系;聘用旅游开发方面的专业人士,深入研究遗产廊道旅游竞合问题;针对旅游经营者和相关从业人员颁布具体的行为规范,明确其权利、义务和职责;对旅游发展过程中出现的问题进行事故处理和责任分析;制订遗产廊道对外界的旅游宣传和营销方案;监督遗产廊道相关制度的执行与落实;进行遗产廊道旅游开发的相关研究;明确遗产廊道的竞合目标,确定各区段竞合的范围,实现遗产廊道旅游资源的优化配置,制定各区段的具体旅游开发目标,督促各竞合主体自觉遵守规章制度。

(2)监督保障。

在推进中东铁路遗产廊道区段旅游竞合发展的过程中,对于各区段内的相关单位及个人的行为要进行明确的规范,各方合作共赢的基础是各尽其责,这样才能保证整体遗产廊道旅游的健康、有序发展。首先,各区段应签订竞合发展协议。遗产廊道各区段竞合主体的利益诉求存在多样化的特征,虽然追求自身利益最大化会激发竞合主体的创新性与积极性,但各区段不能因为追求自身利益的最大化而损害遗产廊道的整体利益。因此,竞合协议有利于规范竞合行为,明确各区段在竞合过程中的权利与义务。其次,成立中东铁路遗产廊道竞合发展监督委员会,其职责是监督遗产廊道内各区段在旅游竞合发展中的行为是否恰当,督促各方积极履行协议内容,合理制裁违约方,保证遗产廊道旅游竞合有序发展,还要对竞合的具体项目进行监督,保障竞合协议的有效落实。

(3)利益协调。

遗产廊道旅游竞合是将包括多个城镇的区段作为利益主体,各区段通过竞合发展联合起来,实现市场共拓、资源共享、形象共塑、产品共销。遗产廊道旅游竞合发展的核心目标是形成廊道整体效应,提升廊道旅游竞争力,促进廊道区域整体的经济发展。中东铁路遗产廊道内各区段的旅游资源和开发程度的不同造成了不均衡的区域旅游发展现状,在区域旅游竞合发展过程中难免会因利益分配产生分歧。针对这种情况,应该制定符合中东铁路遗产廊道区域发展实情的旅游发展机制,合理平衡各区段的利益,并结合经济条件、资源禀赋等相关因素,同时照顾各区段旅游相关者的利益诉求,合理布局廊道的发展定位和各区段的发展阶次。

(4)生态补偿。

遗产廊道区段旅游竞合发展需要考虑区域生态环境保护,生态是遗产廊道旅游业发展的基础,在旅游资源竞合发展中具有较大的吸引力。中东铁路遗产廊道包括大量的旅游资源,在开发这些旅游资源时,应将遗产廊道区域的生态环境保护放在首要位置,实现区域生态环境保护与旅游发展的共赢,因此需要构建积极有效的区域生态环境补偿机制。首先,强化生态环境保护理念,加大对旅游开发管理者的环保意识的培养力度,建立自上而下的生态环境保护贯彻落实体系。其次,强化生态环境保护相关法律和法规的效力,形成生态环境的保护体系,同时要增强针对环境破坏的预防和应对能力。最后,需要主动学习国内外类似区域的旅游发展经验,从而有助于中东铁路遗产廊道旅游竞合发展生态补偿机制的制定和高效实施。

2. 遗产廊道竞合发展格局构建原则

对于中东铁路遗产廊道区段竞合的研究本书采用"资源调查—评价分析—格局构建策略"的基本思路。中东铁路遗产廊道区段要素应以中东铁路遗产资源为主体,包括自然、历史、管理、经济、旅游相关产业、旅游基础设施以及其他游憩资源,竞合格局构建包括遗产廊道总体旅游发展定位、遗产廊道各区段旅游发展定位、旅游方式、解说系统、交通系统的规划,还包括对不同区段的企业、居民之间竞争与合作的引导。在竞合理论的指导下,遗产廊道旅游发展首先要解决以下问题,包括改善遗产廊道整体旅游形象、提升遗产廊道文化景观特征、优化配置遗产廊道各区段的旅游资源、促进遗产廊道旅游一体化发展、推进遗产廊道向全域旅游发展目标迈进。对于遗产廊道各区段的旅游发展,本书从上层机制、整体规划、优势互补、资源共享等多个角度对旅游竞合发展策略进行探讨,为构建遗产廊道各区段竞合发展的格局、加快中东铁路遗产廊道一体化旅游发展进程提供有效的理论指导和方法借鉴。下面将从全域旅游视角出发讨论中东铁路遗产廊道竞合发展格局构建原则。

(1)错位竞争原则。

当中东铁路遗产廊道各区段旅游发展在资源、时间、特色、客源地、发展次序等方面产生冲突时,应该对各区段重叠的部分进行合理区分,并根据中东铁路遗产廊道各区段的资源特征,在遗产廊道系统中选择区别于其他区段的典型特征要素进行重点开发,通过各区段旅游资源的取长补短、协调配合、错位竞争,实现遗产廊道旅游系统产品的多样化,提升遗产廊道旅游的吸引力,实现中东铁路遗产廊道整体旅游的稳健发展。

(2)叠加增值原则。

通常情况下旅游资源的吸引力具有叠加递增性,旅游资源之间叠加形成的整体旅游价值和吸引力大于各要素之和,叠加增值符合全域旅游的发展理念。实现遗产廊道各区段的叠加增值,首先要通过优化各区段的旅游资源,提升旅游资源的吸引力,使各类旅游资源统筹发展,实现中东铁路各区段资源之间、相关遗产资源与周边其他旅游资源之间的叠加增值。

(3) 协调统筹原则。

遗产廊道系统各区段间的竞合在提高遗产廊道系统内部各区段的竞合效率的同时,还要与遗产廊道周围环境系统的功能充分融合,达到整体遗产廊道旅游系统要素的动态循环、能量传递和信息传导畅通无阻,实现遗产廊道旅游系统的动态平衡。协调统筹是竞合发展格局构建的重要原则,包括人、自然与经济的协调发展,还包括区段发展定位和基础设施配置的协调统筹规划。各区段之间、经济与环境之间、旅游资源之间都是相互联系的,只有各要素协同发展,才能实现遗产廊道旅游综合效益的最大化,这需要政府在竞合发展格局构建的过程中进行统筹和协调。

(4) 全局管控原则。

设置中东铁路遗产廊道旅游发展管理组织,树立遗产廊道各区段共赢的竞合意识,解决廊道旅游发展中的重大问题,制订遗产廊道旅游发展总体策略,实现各区段良性竞合发展。明确各区段在整体遗产廊道旅游系统中的职能分工和特色定位,避免无序竞争造成资源浪费。打造一体化旅游交通体系,发挥哈尔滨作为中东铁路遗产廊道交通枢纽的作用,减小遗产廊道的游憩阻力,从而促进遗产廊道旅游竞合发展格局构建,推动遗产廊道4个区段之间的旅游竞合发展和一体化进程;打破无序竞争的旅游发展方式,构建分工明确、资源优势互补的廊道旅游开发体系,实现各区段旅游特色错位发展;从比较优势出发,以优势特色作为各区段的发展核心,构建优势资源互补的中东铁路遗产廊道区段竞合发展格局。

4.2 遗产廊道各区段旅游发展评价

认知与评价是中东铁路遗产廊道旅游资源保护与利用的前提。完整的旅游资源评价体系应包括资源调研、建立评价指标体系、资源评价、评价结果分析。资源调研是评价的基础,为满足遗产廊道区段竞合发展格局构建的需求,本书对中东铁路遗产廊道各区段的调研内容包括:结合遗产廊道旅游发展评价指标体系,对中东铁路遗产廊道各区段的遗产资源采取重点城市普查,并结合村镇站点周边调查的方式,实现对中东铁路遗产廊道各区段遗产资源概况的整体把握;乘坐普快火车,结合GPS、照片和书面记录对沿线自然景观资源特征进行调查;通过对相关文献和统计数据的梳理,调查各区段的相关旅游资源和社会经济发展情况。

4.2.1 区段旅游发展评价指标选择

区段旅游发展评价以中东铁路遗产廊道各区段旅游竞合发展为目的，评价结果将作为各区段旅游竞合发展策略的依据，所以在评价指标选择过程中，需要选择影响区段旅游竞争优势的指标。

1. 选择评价指标的依据

美国哈佛商学院的迈克尔·波特于1990年在其《国家竞争优势》一书中阐释了波特菱形理论，该理论也称作"国家竞争优势钻石理论"。波特菱形理论的中心思想是取得竞争优势，关键在于4个基本要素和2个辅助要素的整合。为了对中东铁路这样一条重要的遗产廊道的资源进行区段评价，本书以波特菱形理论的4个基本要素作为选择评价指标的依据，分析遗产廊道各区段旅游发展的相对竞争优势。

（1）资源要素。

遗产廊道全域旅游资源要素可划分为基本要素和高级要素两大类，基本要素包括地理区位、基础设施、气候环境资源、人口统计特征，高级要素包括遗产资源、人力管理资源、资本资源。

（2）需求条件。

区域周边需求对提高遗产廊道的竞争优势具有重要作用，全域旅游应该对居民和游客的需求给予同等的关注。居民需求对塑造全域旅游的区域特色、促进基础设施和服务能力的提升起着尤其重要的作用。区域居民有助于提高区域的竞争优势，因为其会迫使区域不断提高服务标准和优化整体环境。

（3）辅助行业。

区域内具有一定竞争力的关联辅助行业包括旅行社、酒店、饭店、交通工具、商场等。全域旅游提倡区域内有影响力的辅助行业趋向聚集，形成关联行业集群，提升区域的整体服务质量。

（4）区域旅游规划。

区域旅游规划包括特色定位、开发格局、政府管理模式。第一，不同区域的旅游规划差异较大，旅游规划可以帮助区域形成竞争优势。第二，区域旅游面临激烈的竞争与保持竞争优势的局面，二者之间存在密不可分的联系。

在波特菱形理论中，这4个要素构成菱形的4条边，当各要素条件处于最佳状态时，该区域的竞争优势最大。4个要素在一个系统中互相促进，其中某个要素作用的发挥受限于其他要素的现状。波特菱形理论指出，在4个要素之外还存在两大变数：机遇和政府。遗产廊道各区段的大环境基本一致，发展机遇则是未知要素,同时政府职能会在旅游规划中得以体现,故本书未将两大变数列入评价指标体系中。

在选择和分析评价指标时,还要遵循以下3个原则。首先,遗产廊道的区域旅游发展评价是一个复杂的系统工程,为了确保评价的合理性,需要构建科学合理的评价模型,而相关影响因素的确定则需要通过对具体问题的深入分析得出。其次,遗产廊道是一种大尺度的、跨地区的评价对象,因此在评价指标选择的过程中,要避免微观性质的指标,应重点选择对整体廊道旅游具有重大意义的宏观指标。最后,对遗产廊道各区段的旅游价值进行评价时,需要确保用于分析的数据来源的可靠性,而且要将数据的分析方法科学化,避免过多的经验性和定性的数据处理,针对无法定量的抽象数据,建议通过比较研究等方法尽可能使评价的结果具有客观性和科学性。

2. 评价指标选择

依据遗产廊道区段旅游发展评价的原则,本书关于中东铁路遗产廊道区段旅游评价指标的选择借鉴了中华人民共和国国家质量监督检验检疫总局于2003年发布的《旅游资源分类、调查与评价》(GB/T 18972—2003)中的评价体系,将遗产廊道区段旅游发展评价指标分为区段资源条件、区段社会条件、区段发展潜力3类指标,共7类要素、21项评价因子,具体如下。

(1)区段资源条件。

遗产廊道区段资源条件评价的目的是明确中东铁路遗产廊道研究区域范围内的资源状况、分布情况,将遗产廊道各区段作为整体评价其资源价值,分析廊道旅游资源的空间格局。区段资源条件主要对3类要素进行评价,共包括12项评价因子。3类要素:区段连通性,包括区段的城镇连通性和城镇内部资源的可达性2项评价因子;资源质量状况,包括资源种类与规模、资源的保护等级和构成、遗产的原真性、遗产的完整性和城镇的聚集度5项评价因子;资源要素价值,包括历史文化价值、游憩价值、科研教育价值、美誉度与知名度、稀有度5项评价因子。

(2)区段社会条件。

遗产廊道区段社会条件评价的目的是将中东铁路遗产廊道区段置于更大的区域范围内,评价遗产廊道区段的旅游区位条件和区域发展情况,为进一步深入分析各区段的优势、规划廊道竞合发展格局提供更全面的参考依据;分析区段当下旅游发展的客源地、游客需求及游览方式,以及本区域内居民的出游率,本地居民也是资源利用的最大潜在客源群体,对客源的深入分析有利于打造更符合大众需求的旅游产品,也是遗产廊道实现全域旅游的重要研究内容。区段社会条件主要从3类要素进行评价,共包括6项评价因子。3类要素:区位条件,包括区位优势度和区位生态环境2项评价因子;经济与文化条件,包括区域经济发展水平和区域社会文化背景2项评价因子;旅游客源条件,包括居民出游率和客源市场现状2项评价因子。

(3)区段发展潜力。

遗产廊道区段发展潜力评价的目的是用发展的眼光去评价遗产廊道,对遗产廊道资源和社会发展现状的评价固然重要,但遗产廊道是随着时间的推移而不断演进、发展的,只有肯定其发展变化,才有可能预判其发展方向,从而在规划区域整体发展格局时,加以有效的引导和推进。区段发展潜力评价主要评价遗产廊道各区段旅游相关要素的旅游发展潜力,评价因子包括客源市场潜力、交通优化潜力、旅游产品开发潜力3项。

4.2.2　区段旅游发展评价方法

1. 评价指标权重分析

在评价指标选择的基础上,应用层次分析法的评价模型确定中东铁路遗产廊道各区段的评价指标权重,具体包括以下3个步骤。

(1)构建比较矩阵。

针对区段旅游评价指标体系,以层次分析法的相对重要性等级标度为依据(表2.1),向在相关领域较为活跃的专家和学者、当地相关部门的工作人员,以及本书课题组的成员等发放调查问卷,共计发放50份调查问卷,收回42份有效调查问卷(包括专家和学者6人、当地相关部门的工作人员10人、本书课题组的成员12人、相关专业的研究生14人),符合统计学要求。由于遗产廊道区段旅游发展评价指标的复杂性,为了降低数据比较的难度,将调查问卷设计为3个层次进行相对重要性比较,即指标层A、B、C进行比较;要素层分为A1、A2、A3和B1、B2、B3 2组进行比较;因子层分为A11、A12和A21、A22、A23、A24、A25 7组进行比较。根据相关专家的同一层次评价指标的相对重要性判断矩阵,求得各层次评价指标的权重(表4.1)。

表 4.1　中东铁路遗产廊道区段旅游发展评价指标权重

目标层	指标层	权重/%	要素层	权重/%	因子层	权重/%
中东铁路遗产廊道区段旅游发展评价指标体系	区段资源条件 A	65.68	区段连通性 A1	10.67	区段的城镇连通性 A11	5.99
					城镇内部资源的可达性 A12	4.68
			资源质量状况 A2	34.26	资源种类与规模 A21	9.05
					资源的保护等级和构成 A22	8.92
					遗产的原真性 A23	5.06
					遗产的完整性 A24	6.74
					城镇的聚集度 A25	4.49
			资源要素价值 A3	20.75	历史文化价值 A31	6.17
					游憩价值 A32	3.06
					科研教育价值 A33	3.19
					美誉度与知名度 A34	3.98
					稀有度 A35	4.35
	区段社会条件 B	28.11	区位条件 B1	10.92	区位优势度 B11	5.96
					区位生态环境 B12	4.96
			经济与文化条件 B2	9.48	区域经济发展水平 B21	5.53
					区域社会文化背景 B22	3.95
			旅游客源条件 B3	7.71	居民出游率 B31	3.39
					客源市场现状 B32	4.32
	区段发展潜力 C	6.21	旅游发展潜力 C1	6.21	客源市场潜力 C11	1.44
					交通优化潜力 C12	1.62
					旅游产品开发潜力 C13	3.15

(2) 一致性检验。

对评价指标体系的每一组矩阵进行一致性检验,具体方法如下:首先,计算一致性指标 CI;然后,查询平均随机一致性指标 RI 表,获取到 RI 的值;接着,利用 $CR=CI\cdot RI$ 计算并判断一致性 CR,CR 均小于 0.1,判断矩阵的一致性符合要求。

(3) 权重分析。

从表 4.1 的评价指标权重结果能够看出：首先，在指标层中，中东铁路遗产廊道各区段资源条件所占权重最大，为 65.68%，区段社会条件和区段发展潜力分别为 28.11% 和 6.21%。从遗产廊道区段旅游发展评价体系的指标权重可以看出，区段资源条件是决定遗产廊道旅游发展的重中之重，但遗产廊道所在区域由区位条件、经济与文化条件以及旅游客源条件组成的区段社会条件，同样也是影响遗产廊道旅游发展的重要因素。其次，影响评价结果的各要素层评价指标中资源质量状况(34.26%)、资源要素价值(20.75%)和区位条件(10.92%)的权重比较突出。资源质量状况和资源要素价值对区段旅游发展具有较大的直接影响，区位条件是遗产廊道开发利用的基础保障，是遗产廊道旅游可持续发展的重要条件。

本书通过建立遗产廊道区段旅游发展评价指标体系，对区域旅游发展这一复杂问题利用层次化的指标体系进行了清晰的描述，从而使复杂系统的定量评价成为可能，并得到各个层次指标的权重值。通过中东铁路遗产廊道区段旅游发展评价指标权重，我们可以明确各层次每一项指标对于区段旅游发展的重要性。

2. 中东铁路遗产廊道各区段旅游发展指标评价

常用的评价指标计算方法包括有序加权平均法、乘法模型、加法模型等，本书以现场调研资料、专家评价及东北 4 省的统计年鉴作为数据来源，以加法模型为工具，从而得出廊道旅游价值的评价结果。通过以下两步完成指标评价：一是对于资源要素价值、区段连通性和资源质量状况的相关因子，本书通过文献梳理和现场调研获得数据，应用专家评价法，对无法得到的部分因子进行定量分析，包括区位条件、旅游发展潜力、经济与文化条件的相关因子，首先整理相关资料，设计调查问卷评价表，然后请 10 名相关专家(包括与本书研究相关的教授 2 名、副教授 4 名、博士研究生 4 名)进行评价，得到相关数据，可以从各地的统计年鉴中得到旅游客源条件等的相关数据，最后对数据进行归一化处理，利用最大/最小值法赋值，设置 0～10 的范围，计算公式为 $f_i = 10(x_i - x_{min})/(x_{max} - x_{min})$，该公式中 f_i 为因子指标所得分值，x_i 为某个因子值，x_{min} 为因子最小值，x_{max} 为因子最大值。二是将前一步中以层次分析法和专家评价法得到的评价因子的权重和对应因子的分值代入加法模型，最终计算出中东铁路遗产廊道区段旅游发展的综合评价结果(表 4.2)。

表 4.2 中东铁路遗产廊道区段旅游发展的综合评价结果

区段层	评价分值	指标层	评价分值	要素层	评价分值
哈尔滨—绥芬河段 A	7.800	区段资源条件 A1	5.475	区段连通性 A11	0.631
				资源质量状况 A12	3.051
				资源要素价值 A13	1.793
		区段社会条件 A2	1.934	区位条件 A21	0.780
				经济与文化条件 A22	0.694
				旅游客源条件 A23	0.460
		区段发展潜力 A3	0.391	旅游发展潜力 A31	0.391
哈尔滨—满洲里段 B	7.275	区段资源条件 B1	5.148	区段连通性 B11	0.537
				资源质量状况 B12	2.925
				资源要素价值 B13	1.686
		区段社会条件 B2	1.741	区位条件 B21	0.757
				经济与文化条件 B22	0.551
				旅游客源条件 B23	0.433
		区段发展潜力 B3	0.386	旅游发展潜力 B31	0.386
哈尔滨—长春段 C	7.322	区段资源条件 C1	4.876	区段连通性 C11	0.965
				资源质量状况 C12	2.414
				资源要素价值 C13	1.497
		区段社会条件 C2	2.073	区位条件 C21	0.755
				经济与文化条件 C22	0.762
				旅游客源条件 C23	0.556
		区段发展潜力 C3	0.373	旅游发展潜力 C31	0.373
长春—旅顺段 D	7.637	区段资源条件 D1	5.244	区段连通性 D11	0.962
				资源质量状况 D12	2.591
				资源要素价值 D13	1.691
		区段社会条件 D2	2.013	区位条件 D21	0.788
				经济与文化条件 D22	0.594
				旅游客源条件 D23	0.631
		区段发展潜力 D3	0.380	旅游发展潜力 D31	0.380

4.2.3 区段旅游发展评价结果分析

由于缺乏整体的规划与开发,大多数城镇的旅游产品开发处于较低层次,区域整体游客量与国内旅游发展较好的区域的差距很大。中东铁路遗产廊道旅游发展现存的主要问题包括整体旅游产品结构趋同、旅游资源开发利用率低、很多旅游功能要素重复建设、旅游人才匮乏、创新意识薄弱等。表 4.3 为中东铁路遗产廊道区段旅游发展评价结果统计表。

表 4.3 中东铁路遗产廊道区段旅游发展评价结果统计表

指标层	区段			
	哈尔滨—绥芬河段	哈尔滨—满洲里段	哈尔滨—长春段	长春—旅顺段
区段资源条件	5.475	5.148	4.876	5.244
区段社会条件	1.934	1.741	2.073	2.013
区段发展潜力	0.391	0.386	0.373	0.380
区段整体评价	7.800	7.275	7.322	7.637

中东铁路遗产廊道哈尔滨至绥芬河段得分最高,为 7.800 分,区段资源条件和区段发展潜力得分都最高,为 5.475 分和 0.391 分,其中资源种类与规模、资源的保护等级和构成、遗产的原真性、城镇的聚集度、遗产的完整性、历史文化价值、美誉度与知名度、稀有度,这些评价因子的得分都很高,但区位条件较差、区段连通性较弱,在整体遗产廊道格局构建中,如能加强交通基础设施建设,弥补交通和区位上的不足,就能发挥巨大的遗产价值,提升中东铁路遗产廊道的整体价值和效益。在全域旅游视角下,区段内城镇的旅游发展水平差距较大,不能实现同步发展,需要根据城镇的旅游发展现状和潜力,对区段内各城镇进行分级,明确各城镇的发展阶次和定位。个别大城市发展优势明显,是区域旅游发展的增长极,可在区段旅游发展过程中发挥积极带动作用,促进区段内发展潜力较小的小城镇发展,最终实现区段的全域旅游发展。

中东铁路遗产廊道哈尔滨至满洲里段的得分最低,为 7.275 分,其原因主要包括区段社会条件最差,分值为 1.741,区段连通性、城镇的聚集度也较差,但本区域的生态环境和自然环境的多样性较好,是各段廊道中自然环境最丰富、质量最好的,也具备较多、较好的遗产数量和质量。在人们越来越渴望自然和文化体验的今天,本区域可融合遗产与自然生态环境的优势,开发高品质的深度体验式休闲游憩活动,使人们在紧张的都市生活之余,在感受区域历史文化的同时深度亲近自然。

中东铁路遗产廊道哈尔滨至长春段的旅游发展评价较低,为 7.322 分,其分值较低的原因是资源种类与规模,以及资源的保护等级和构成的得分较低,导致区段资源条件的分值较低,同时,区段发展潜力较小,评价分值为0.373,开展遗产旅游的竞争优势不足、压力较大。由于便利的交通和哈尔滨、长春这两座省会城市之间距离较短,该段廊道的区段连通性最强,评价分值为0.965,而且是连接南满铁路和中东铁路干线的交通纽带。作为两大旅游区域的交通廊道、中转站,本段应明确区段的战略地位,大力发展基础设施和服务产业,推动整体廊道的一体化发展,从而带动自身发展。

中东铁路遗产廊道长春至旅顺段得分较高,为7.637分,主要得益于区段社会条件的支撑,区域经济发展水平、交通优化潜力、旅游客源条件、资源种类与规模的得分都较高,但也由于本区段经济快速发展,城市不断扩张,更新频繁,因此,遗产破碎化严重,连通性较差。辽宁的很多城市已经难以找到中东铁路遗产的踪迹,只有大连、沈阳等大城市的高质量的遗产或小的区域斑块被孤立地保护着,吉林境内的遗产保存得相对完整。本区段整体上没有发挥区域遗产廊道的系统价值,如能从中东铁路遗产廊道整体的视角出发挖掘遗产价值,进行区段的整合开发,结合自身相对完善的社会经济背景、客源市场资源和服务基础设施,可以发挥遗产廊道的巨大潜力,为区域带来更大的经济和文化景观特色效益。

中东铁路遗产廊道区段旅游竞合系统具有复杂性和动态性,遗产廊道旅游的良性竞合模式需要各区段竞合主体之间的协调配合。应根据遗产廊道各区段旅游发展现状确定整体区域竞合策略,要与各竞合主体的利益保持一致。各竞合主体要共同面对竞合中的困境和障碍,实现遗产廊道旅游的快速发展,找到竞合的方法、途径,从可实施性较强的策略入手,主动采取竞合模式,从而充分发挥遗产廊道各区段旅游资源的潜在价值。

中东铁路遗产廊道旅游竞合发展将成为落实国家新一轮东北振兴战略的重要举措,建立遗产廊道旅游竞合机制是向区域旅游一体化发展迈出的重要步伐。东北地区地大物博,资源丰富,地缘人脉相近相亲,但是景区点多、线长,缺少游览路线规划,过境的客源流量较少。虽然大量优质旅游资源和产品聚集在区域范围内,但各省市内部旅游发展程度不同,资源分布不均,单靠一个地区的力量很难全面展现中东铁路遗产廊道的旅游产品特色。只有加强合作,协同发展,打破区域壁垒,才能构建中东铁路遗产廊道旅游发展新格局,共同改善环境质量,开拓旅游市场,加强中东铁路遗产旅游相关产品的开发,重点培育四季旅游品牌,激发旅游业的发展活力和可持续发展的态势,从而实现以"全域"+"全季"为核心的旅游业发展新局面。在国家实施新一轮东北振兴战略的今天,东北地区应本着"携手共进、互利共赢"原则,成立遗产廊道跨省旅游合作管理组织,实现旅游环境共塑、旅游产品互补及旅游形象共树。

中东铁路遗产廊道区域内旅游分工合作是区域旅游一体化发展的基本需

求,涉及各级政府部门和相关企业之间多方面的密切合作,包括区域旅游资源的利用、旅游市场的整体开发与推广、旅游行业管理及旅游产品创新等方面的内容。同时,区段旅游分工合作的重要原因也包括区域旅游竞争日益激烈。区域旅游竞争有着非常明显的层次性,在某一空间层次上具有竞争优势的区域,在着眼于更高的层次进行比较时往往其竞争力会相对有所减弱,导致该区域的客源市场和发展潜力受限。因此,为打造更具竞争力的旅游产品,区域间需要分工合作,在各方面相互帮助、取长补短,依靠更大区域的整体资源来共同提高竞争力。与此同时,必须坚持平等自愿、互利互惠、服务全民等原则,以此作为区域间持续有效合作的保障。

由于区域内的客源市场重叠交叉,重点旅游资源都包括中东铁路遗产、东北地区的气候和自然景观,因此遗产廊道内各区域旅游存在激烈竞争。中东铁路遗产廊道区段之间的旅游合作能够促进区域内资源共享,也能促进区域之间在相关领域取长补短,有效地组织和利用各区段分散的旅游产品,从而充分发挥各区段的潜在旅游价值,实现大区域旅游的合作效益,为中东铁路遗产廊道提供更多的旅游发展机会,获得更多的经济效益,促进东北地区全面振兴。区段旅游合作将形成遗产廊道的整体优势,旅游发展效益将远远大于各区段在分散条件下发展旅游所取得的效益之和。

中东铁路遗产廊道各区段间旅游合作的目的就是实现遗产廊道旅游发展一体化,构建遗产廊道无障碍旅游机制,使遗产廊道内部的旅游资源得以最大限度地自由流动,实现旅游资源的整体优化配置。遗产廊道区段间的合作可以促进旅游系统内部各要素的协调与统一,提高系统运作的效率。具体包括:构建遗产廊道旅游发展空间格局,完善旅游基础设施;遗产廊道区段旅游合作有利于区域取得更大的社会、经济和环境效益;打造遗产廊道旅游空间整合模式,实现各区段的分工协作,缩小各城镇旅游发展的差异,形成协同发展、联合开发的遗产廊道产业带;以资源共享、旅游共赢、信息互通、市场共拓为原则,开展深层次、全方位的区段旅游协作,形成特色鲜明且吸引力强的遗产廊道旅游协作区。通过廊道旅游资源的整合,形成层次鲜明、特色突出、发展有序的中东铁路遗产廊道宏观旅游发展空间格局。

随着互联网的发展和全民休闲时代的到来,人们越来越多地青睐于自助游。游客可以通过网络先了解某个区域的旅游产品信息,然后直接通过网络联系旅游服务提供者,进行车票、酒店、饭店、租车、导游等服务的预订。在这种旅游模式下,良好的区域整体环境质量和规模化的旅游产品将更具市场竞争力。要促进遗产廊道内酒店、饭店、旅行社、景区等旅游服务相关行业实现网络化经营和管理,全面提升遗产廊道的旅游服务和管理水平;建立统一、高效的信息管理平台,加强旅游相关数据的收集和分析工作,强化网络信息互动服务功能,提高旅游信息的时效性,促进旅游产业与信息化融合,打造遗产廊道区段间信息共享和互换的平台。各区段之间旅游合作的主要工作包括产品特色定位、区段在系统中的功能定位、遗产廊道整体发展格局构建、基础设施共建、线路组织等。

4.3 遗产廊道旅游竞合发展格局构建策略

旅游竞合发展即竞争与合作相结合的旅游发展战略。遗产廊道的区段竞合有利于构建可持续的区段旅游发展关系,区段间的竞争与合作是一种普遍的、常态化的区段关系,适当的区段间竞争具有其合理性,不应完全规避竞争而强调合作,深入研究区段间合理的竞合发展格局对于遗产廊道整体旅游发展的科学规划具有深远意义。本书将区段竞争协调与区段合作分工相联系,以此来理解遗产廊道区段竞合的内在动力机制,在旅游竞争全球化的背景下将单个区段的竞争力建设与遗产廊道的整体发展战略联结起来。

4.3.1 区段旅游合作发展格局构建策略

区段旅游合作的核心是支持系统的合作,具体包括以下几方面内容:通过合作建立完善的中东铁路遗产廊道解说系统,让游客和居民从整体层面上了解中东铁路遗产廊道,促进整个区域的旅游发展;分层次、分阶段建立遗产廊道游憩系统,整体规划、统筹发展,完善区域旅游的基础设施,旅游相关行业同样需要错位发展,实现区域旅游产品多样化、各区段发展特征鲜明,满足现代游客不断增加的多样化需求;合作培养旅游相关人才,促进区域相关人才的交流和引进;统筹规划政策与资金保障,同时考虑廊道整体的长远发展与各区段的短期效益,通过政策保障,调动各区段建设遗产廊道全域旅游的积极性。

中东铁路遗产廊道的区段竞合应在旅游发展现状的基础上,对各区段的旅游资源进行整合。遗产廊道旅游竞合发展,离不开各旅游相关行业的合作,包括旅行社、宾馆、饭店、景点、景区、交通基础设施等。要建立紧密的合作,就需要相关管理部门的协调和引导,应以东北地区4省的文旅部门为基础,建立中东铁路遗产廊道整体旅游管理服务机构,以此为平台,树立区域整体旅游形象,宣传中东铁路遗产廊道相关旅游产品,协调区域旅游发展相关问题,促进区域旅游发展研究。由于东北地区各地经济发展水平差距较大,旅游基础设施的质量不同,要实现遗产廊道旅游一体化发展,首先要加强区域交通基础设施的建设。从区段旅游发展评价结果可以看出,目前廊道整体的遗产开发层次较低,各区段发展差距较大,可加强各区段的分工合作,推进各区段全面合作升级,优先发展优势区域,发挥增长极的带动作用,突破遗产廊道整体旅游发展的瓶颈。

1. 构建廊道区段间的合作关系

中东铁路遗产廊道区段间需要依据旅游发展评价的结果构建合作格局,促进区域旅游相关配套服务业、加工业的发展,实现遗产廊道发展目标和策略的一致性,消除区段间旅游发展的恶性竞争,实现旅游发展优势互补,才能保证沿线区段合作的稳定持久,遗产廊道的整体优势也才能充分发挥。

2. 落实增长极战略

在区段间缺乏良性互动且资源流动性差的现状下,区段合作应着重寻求旅游发展共赢,完善区域的分工体系和政策约束,形成区域旅游有序发展的竞合格局。以哈尔滨、长春、沈阳、大连4座城市为区域旅游发展的增长极,以滨绥线、滨洲线、哈大线为核心旅游发展轴线。应系统开展战略合作,商讨区域共同市场的开发,促成有序的竞争格局尽快建立。哈尔滨和长春作为连接各个区段的节点城市,主要职责是活跃区段间的互动,加速各区段人才和资源的流动。

3. 建立中东铁路遗产廊道旅游圈

充分利用中东铁路遗产廊道的整体性、文化同源性、资源互补性和交通一体化特征,将区域整体作为具有核心竞争力的旅游产品,共同开拓市场,加强区域联合,扩大宣传范围,打破区域限制,以旅游圈的建设为切入点,扬长避短,构建相对完整、稳定、关系紧密的中东铁路遗产廊道旅游圈。

4. 实现遗产廊道各区段旅游特色错位发展

在区域整体发展遗产旅游的基础上,各区域结合自身资源条件错位发展。中东铁路滨绥段和滨洲段需要突出哈尔滨冰雪文化特色;打造五大连池和大、小兴安岭的自然生态旅游品牌;进一步推动边境旅游发展,规划边境旅游线路和产品;挖掘鄂伦春族等少数民族的历史文化资源。哈尔滨至长春段应重点打造特色民族民俗风景旅游目的地、长白山度假旅游目的地等。长春至旅顺段应优化配置旅游资源,推动沿线旅游发展较好的城市与其他城镇协作发展,充分发挥旅游相关产业对城市发展的带动作用。

5. 推进资源整合

资源整合的关键是优势互补,通过旅游发展评价结果分析各区段的旅游资源优势,并通过整体协调完成分工合作,整合区段各类型旅游发展资源,提高遗产廊道整体的旅游竞争力。遗产廊道旅游的区段合作分工应符合低碳可持续发展要求。

下面为各区段旅游合作发展格局的具体构建策略。

哈尔滨至绥芬河段整体区域旅游价值最高,资源质量、资源价值最优,区域生态环境也较好,发展潜力较大。但是,区段连通性较差、区段内各城镇的无序竞争制约了整个区段的进一步发展。该区段应该重点打造中东铁路遗产旅游线路,作为遗产廊道的核心旅游产品,系统展示中东铁路工程遗产、城市生产生活遗产等,以吸引更多游客,实现整体遗产廊道吸引力和影响力的增强。

哈尔滨至满洲里段资源质量、资源价值较优,区段连通性和经济条件最弱,但生态环境最优,包括大量风景秀丽的湿地、草原、河流和山脉,少数民族文化特色突出。该区段最适宜打造遗产廊道区域内的自然和少数民族景观特色,结合较优的中东铁路遗产资源,通过旅游服务基础设施的整体建设,成为遗产廊道的核心吸引物。

哈尔滨至长春段整体区域遗产旅游价值偏低,但区段社会条件较好,是连接廊道内其他3个区段的交通枢纽,归属于哈尔滨和长春两座城市管理。区段整体经济发展水平较高,有利于发展基础设施和服务行业。适合发展廊道旅游服务相关产业,提升区域整体环境质量,提供吃、住、行、购、娱等旅游配套设施,在完善整体遗产廊道旅游发展功能的同时实现本区段的经济发展。

长春至旅顺段的很多城镇的中东铁路遗产资源保护得较差,导致区段遗产资源破碎化比较严重,但区段内增长极城市数量最多,经济发展较好,基础设施、客源市场、人才储备等旅游发展基础条件也较好,可作为整体遗产廊道旅游的第一站,为游客提供高品质的服务,为遗产廊道旅游培养管理和服务人才。

4.3.2 区段旅游良性竞争格局构建策略

区段旅游竞争主要是资源系统间的竞争,中东铁路遗产资源和冰雪旅游资源同类竞争激烈。遗产廊道各区段应集中发展优势资源,差异化发展,避免同类资源开发泛滥导致区域内恶性竞争,要构建优势互补、协调发展的遗产廊道旅游健康发展格局。资源系统间适当地良性竞争有利于各区段充分发挥自身的能动性,增强发展的危机感和紧迫感,促进各区段旅游系统和服务的不断完善,从而带动遗产廊道整体旅游品质的提升。

在遗产廊道系统外,在更大的区域范围内存在更多的竞争对手,因此廊道内各区段通过相互之间的竞合促进自身各个方面的进步,更易于在广泛的竞争中生存下来。区段旅游良性竞争是遗产廊道竞争力提升的重要方法,可以作为应对广泛竞争的一种有效战略。区段旅游竞争力是某区段在整个遗产廊道中相较其他区段所具有的旅游发展优势。应该认识到,在区段之间,竞争与合作是同时存在的,区段间的合作有利于以最佳方式建立起共赢的格局,而区段间的竞争则有利于各区段间利益的合理分配,从而为区段自身旅游的发展做出贡献。不同区段其旅游竞争力的核心条件有差异,这些差异往往能够转化成竞争的优势。不同区段为了提升自身的竞争力,在竞合中往往有不同的目标诉求,这些不同的目标诉求常与竞争力的关键影响因素相对应。影响区段竞争力的关键因素包括两个层面:区段层面和资源层面。区段层面表现为区段的区位、连通性、经济发展水平、旅游发展潜力等;资源层面表现为资源的规模、质量、聚集度、审美和游憩价值等。

1. 鼓励理性有序竞争

中东铁路遗产廊道旅游发展需要区域内各地方政府的合作,但同时也要鼓励理性有序竞争,因为竞争是提升廊道整体核心竞争力的有效手段。规范各区段间竞争的关键不是限制竞争,而是在遗产廊道内部建立一种有序的竞争模式,各区段在这一有序的框架下进行竞争,提高各区段的旅游服务效率、完善基础设施、提升环境质量、提升游客体验,在规范、公平竞争的基础上建立中东铁路遗产廊道旅游协调发展机制。适度的差异性竞争有助于打造特色旅游产品,形成差异化旅游特色服务,提升遗产廊道各区段旅游资源的吸引力,从而促进遗产廊道旅游的整体健康发展。首先,重塑遗产廊道区域内的竞争模式。在区域旅游一体化已成为趋势的今天,地区旅游经济的竞争力强弱已经不只是由其所拥有的旅游资源质量好坏来决定的,还取决于区域旅游管理机构是否能创造一个良好的旅游发展环境,以保障区域内的旅游资源能够发挥其潜在价值。其次,规范遗产廊道区域内的竞争行为。应鼓励理性有序竞争,适度的竞争会促进遗产廊道旅游市场化的形成和旅游经济的发展。

2. 治理恶性无序竞争

恶性竞争常常是由片面追求旅游发展的经济利益最大化而导致的,其结果会造成遗产廊道旅游资源的过度开发,各区段旅游基础设施重复建设,旅游产品特色雷同,大大增加了旅游行业的运营成本。所以,可以从体制创新入手,成立中东铁路遗产廊道旅游发展统筹管理部门,制定合理的遗产廊道旅游竞合发展运行模式,这才是解决遗产廊道旅游整体发展问题的根本途径。建立健全区域旅游发展相关的法律法规,以法律制度规范旅游竞合行为是大区域旅游发展的必由之路。一方面,应对遵守规则的竞合主体进行激励,另一方面,应对违反规则的竞合主体予以制裁。因此,遗产廊道旅游必须树立正确的竞合发展观念,消除旅游管理者急功近利的政绩思想,以公共服务推进区域旅游发展。为了有效治理遗产廊道旅游开发带来的恶性竞争,建构良好的制度环境尤为重要,可建立高效的组织机构和制定完善的区段旅游竞争规则。制度是旅游开发的基础,组织是手段,规则是保障。良好的区域旅游发展制度环境包括旅游发展相关法律法规、旅游发展相关财政制度、旅游管理及从业人员的绩效评价体系。中东铁路遗产廊道旅游竞合发展格局的构建,要建立区域利益的分享与补偿机制。

4.3.3 区段旅游竞合发展格局构建保障策略

保障是指用保护、保证等手段与起保护作用的事物构成的可持续发展支撑体系。在竞争与合作并存的遗产廊道旅游经济发展过程中,提出竞合各方共同认可的有约束力的旅游发展协议,来约束作为竞合行为主体的政府相关部门和旅游相关企业,对遗产廊道旅游竞合发展格局的构建具有重要意义,签署完善的竞合协议可以最大限度地消除旅游发展过程中的投机行为。然而,对于区域旅游发展这个复杂的系统,竞合协议不可能是完备的,因为其不可能把各方在旅游发展过程中的相关问题都包括进来,所以有必要建立补充协议的竞合保障制度,作为遗产廊道旅游竞合发展的补救或保障机制。具体策略如下。

1. 激励相容

激励相容是通过使竞合个体的利益目标与遗产廊道的整体发展目标相一致,来保障遗产廊道旅游竞合长期可持续发展的有效方法。若各区段遵守遗产廊道竞合发展协议,就会实现区段的旅游发展目标;如果违背协议,遗产廊道旅游发展管理机构就会对其实施惩罚。激励相容策略的宗旨是维护遗产廊道旅游竞合的可持续性,实现各区段的共赢。

2. 利益平衡

为了保障遗产廊道旅游竞合的长期稳定发展,需要建立一个风险共担与利益共享的机制,实现遗产廊道旅游各区段的合作共赢;建立各区段的风险与利益平衡机制,以协调各区段的吸引力差异所造成的获益大小不同的矛盾。如果竞争力较差的区域长期处于竞合发展的劣势地位,会造成其对遗产廊道整体旅游发展失去信心,从而缺少旅游竞合的积极性或退出竞合体系,这就要求遗产廊道在旅游发展过程中找到各区段利益和心理上的平衡点。中东铁路遗产廊道旅游区段的划分方式有效地打破了各行政区的相对独立性,通过建立遗产廊道旅游发展管理机构进行统筹,可以为建立统一的利益平衡协调机制提供便利条件。

3. 有效的仲裁

有效的仲裁是解决遗产廊道旅游竞合冲突的有效方法。由于无法预料各种偶然事件,所以很难在竞合协议中提前予以规定,相关问题可以依赖管理机构仲裁解决,依据的规则是市场机制,强制仲裁可以让机会主义一方增加其发展成本,在维护遗产廊道旅游发展的前提下采取灵活多变的措施,从而不必规定每一种可能的偶然事件和旅游产品的具体特征。

4. 竞合保障

首先,竞合的目的是获得旅游发展的回报。通过整合遗产廊道旅游相关资源,对遗产廊道各区段进行旅游资源优化配置,互为客源地,互为目的地,共享旅游资讯,为各区段带来更大的旅游收益,回报是竞合关系能够持续稳定存在的保障。其次,各区段持续的竞合关系对遗产廊道旅游稳定发展至关重要,所以必须强化竞合关系的维护与区段交流,研究竞合深层次发展的方向,使遗产廊道旅游竞合为区域长期带来回报,持续推动整个区域的经济发展和环境优化。最后,通过构建中东铁路遗产廊道旅游竞合发展格局,完善区域竞合的制度规则和协议,制定灵活的竞合发展机制,协调各区段之间在发展过程中的矛盾,根据旅游发展的变化对竞合协议不断调整和补充,从而实现遗产廊道旅游竞合的持续发展。

第5章 中东铁路遗产廊道区段旅游点轴空间格局构建

对全域旅游视角下遗产廊道区段空间格局的研究可以通过区段内城镇自身特征和发展现状的分析,结合资源潜力和发展定位分析,从而实现科学、系统的区段旅游发展格局的构建。本章在点轴开发理论的指导下,将城镇作为研究区段旅游发展的基本要素,在全域旅游视角下分析遗产廊道内的城镇旅游发展潜力,构建区段点轴发展空间格局。对城镇旅游发展潜力的研究,可以通过梳理城镇的发展脉络,利用综合、分析与比较的方法,找出城镇旅游发展的特色和问题,定位城镇所处的发展阶段,完成各城镇旅游发展潜力的分析和评级,合理规划区段发展轴线,明确区段内各城镇的发展方向和次序,以指导和促进中东铁路遗产廊道各区段健康、合理地发展。

通过对中东铁路遗产廊道各区段的资料收集、现场调研和整理分析可知,区段发展空间格局的构建应对区段内各城镇进行分阶段、分层次的开发,构建点轴发展模式,逐步带动整个区段的发展。对这些资源进行评价,并根据沿线各个城镇拥有的遗产和周边旅游资源的情况,对区段内的城镇节点进行筛选,作为点轴发展模式中的"点",以中东铁路各段为"轴"。运用定量分析方法,从旅游资源数量、旅游资源平均品质、旅游资源类型丰富度、旅游资源空间聚集度、旅游节点城镇通达性及旅游节点城镇区位6个方面,分析遗产廊道内城镇遗产旅游的发展潜力,根据评价结果构建区段旅游点轴发展空间格局。结合研究对象的特征,本书创新提出了城镇内旅游资源空间聚集度的求解方式:借鉴旅行商问题的求解方式,应用蚁群算法,设计 Python 程序,求得资源的空间聚集度。该求解方式可以为多点空间聚集度问题精确求解。运用德尔菲法进行指标权重的评价,结合各项指标评价结果的数据统计分析,进行各城镇的旅游发展潜力分级,确定哈尔滨和绥芬河为区段遗产旅游的一级节点城镇,阿城、帽儿山、一面坡、横道河子和牡丹江为区段遗产旅游的二级节点城镇;提出滨绥段旅游发展结构,并根据各城镇旅游资源发展现状,将滨绥段区域规划为两大旅游发展区。由于本章的重点在于研究城镇旅游的资源吸引力,对政策和经济方面的旅游发展要素考虑较少,因此在实际的旅游发展过程中还需进一步对旅游系统的其他要素进行深入研究。

5.1 区段旅游点轴空间格局构建基础

5.1.1 点轴开发理论与区段空间格局构建

点轴开发理论于20世纪70年代由波兰经济学家萨伦巴(Zaremba)和马利士(Malisz)提出,增长极理论和生长轴理论是点轴理论产生和发展的基础。增长极理论是1950年由法国经济学家佩鲁(Perroux)首先提出的,该理论阐述了一个国家或区域的经济增长是一种非平衡的发展方式,总体上讲,具有优越条件和巨大发展潜力的城市或者龙头行业会作为增长极首先发展壮大起来,在其形成规模效应后,其影响力会辐射到周边城镇的发展,最终促进整个区域的全面发展。

点轴开发理论指出,在区域发展过程中,相对发展潜力较大的交通线路可以作为区域中重要的发展轴线,而且位于轴线上的具有良好条件的城市可以作为重点开发的核心节点,从而逐步形成点轴规模效应,并且这种效应会逐级扩散,影响下一层次的轴线和节点,然后产生下一层次的发展重点。这样一来区域内将形成相互连接、相互影响的多级别节点和轴线,综合搭建起整体区域发展的空间结构。2000年以后,点轴开发理论被运用到区域旅游空间格局构建及旅游开发当中,跨区域、大尺度的遗产廊道旅游发展完全可以借鉴这一理论。

点轴开发理论可以视作增长极理论的延伸,处于向全域旅游发展理念过渡的阶段,而在区域经济发展过程中,在最佳区位首先会出现呈斑点状分布的经济中心,这些经济中心既可理解成区域的增长极,同时又可以看作点轴开发模式的点。经济中心会逐渐增加,各个经济中心之间需要通过交通线路进行要素交换,这些线路就是轴线。轴线在服务增长极的同时,也对沿线的人口和产业产生吸引力,使其在轴线周围集聚,从而进一步促生新的增长点,这些不同层级的点和轴线共同构成点轴系统。

在一定地域范围内,只有少数集各种优势于一身的地区可以成为增长极,增长极出现之后周围的生产要素将被其吸引,增长极不断发展壮大,与此同时,其周边区域将成为极化区域。当增长极成长得足够强大,而且周边的极化效果达到一定程度之后,就会激发新一轮的向外扩散,使生产要素扩散到更广泛的区域,带动外围区域的增长。

点轴开发理论强调区域经济发展的不均衡性,提出通过轴的连接功能实现点与点之间的交流合作,从而促进整个区域经济的发展。为了实现开发重点的逐渐转移扩散,需要确定各城市的等级体系,以及城市和生长轴的发展时序。合理地确定点轴的开发顺序是开展各项工作的前提,首先要对条件最好、潜力最大的一级节点进行重点开发,然后逐步开发二级和三级节点。在点轴发展模式形成之后,轴线上各节点的旅游发展条件将逐步改善,因此会加速发展,同时增长极和轴线上的节点会逐渐壮大,而轴线本身的规模也会扩大,从而在区域中形成多层次的复合点和轴线。点和轴线之间相互连接,形成动态的点轴空间格局,最终形成具有一定功能的点轴结构系统。

中东铁路遗产廊道内民风淳朴、自然景观资源丰富,但中东铁路遗产廊道内城镇的整体旅游发展水平不高,旅游增长极较少,核心旅游城镇带动能力不强;廊道内基础设施建设相对滞后,旅游相关产业发展薄弱,旅游产品吸引力不强;由于无序开发和保护不利,廊道内很多区域生态环境日益脆弱。中东铁路遗产廊道整体旅游发展受基础设施不完善、产业结构不健全、投融资环境差、技术缺乏等因素的影响,加上中东铁路遗产廊道内各城镇旅游发展不平衡,导致中东铁路遗产廊道旅游资源的潜在优势很难在短时间内转化为经济效益和旅游竞争优势,这就决定了现阶段中东铁路遗产廊道还不能实现全域旅游整体发展的目标。考虑到经济现状条件的制约,中东铁路遗产廊道可借鉴点轴开发模式的原理和方法来搭建这一地区的旅游发展格局,采取分等级、分阶次有序开发的手段,采用以本区域实施性更强、开发强度较低的增长极带动轴线上相对落后区域的系统空间发展模式,即点轴发展模式,以线性发展方式,在遗产廊道区域范围内选择比较优势相对明显的、发展潜力较大的城镇作为增长极,使遗产廊道内的增长极优先发展,再由发展轴通过扩散效应辐射整个区域,从而实现中东铁路遗产廊道的全域旅游发展。

5.1.2 城镇节点的类型与特征

1. 中东铁路沿线城镇的发展类型

中东铁路在建设和运营最开始的几年间,其沿线的新城镇不断兴起,城镇密度大大提高,中东铁路沿线各城镇步入城镇化的初期阶段。不同于东北地区传统的旧城镇,中东铁路沿线新城镇的产生和发展轨迹有着明显的特殊性。由于当时东北地区独特的政治环境,遗产廊道内城镇的景观特色具有鲜明的异域文化特征。

从城市起源角度来看,本书将中东铁路沿线城市分为两类:第一类城市形成于中东铁路产生之前,后来因中东铁路的建设得以迅速发展,并实现城镇近代化,本书将其定义为路兴型城市,从路兴型城市的发展格局可以发现,老城区和铁路附属地都曾作为城市发展所围绕的中心,属于两个核心同时发展的双核发展模式。第二类是原先并不存在或者并未形成规模的城市,它们因中东铁路建设而产生或成型,这些城市的出现和其内部城镇化的过程保持着高度的一致性,本书将其定义为路生型城市,路生型城市的发展大多依靠铁路附属地的带动作用,属于单中心发展的单核发展模式。在对相关史料充分整理和分析的基础上,我们明确了中东铁路沿线各市县的起源类型,其中23个市县属于"路兴型双核发展模式"(包括呼伦贝尔、扎兰屯、龙江、齐齐哈尔、杜尔伯特、安达、肇东、阿城、穆棱、双城、扶余、德惠、长春、公主岭、昌图、开原、铁岭、沈阳、灯塔、辽阳、鞍山、海城、盖州),12个市县属于"路生型单核发展模式"(包括满洲里、牙克石、哈尔滨、尚志、海林、牡丹江、绥芬河、四平、大石桥、瓦房店、普兰店、大连)。

中东铁路沿线城镇的"路兴型双核发展模式"和"路生型单核发展模式"的共同特点在于城镇近代化进程都受到俄、日外来文化的影响。这两类城市在城镇近代化的初始文化构成方面具有明显的不同。由于事物对其初始条件具有极强且敏感的依赖性,只要初始的情况有些许差异,其发展结果将大相径庭。文化源头的缺失将导致城市特色无从落脚,犹如无根之树无法发展壮大。正因如此,针对中东铁路遗产廊道沿线各城市历史文化的保护应重视城市起源的不同类型和文化构成的差异化,然后通过遗产资源、解说系统及公共设施等一系列要素的相互协调,搭建城市遗产资源游憩空间网络,促进沿线城市的文化景观遗产和城市特色的保护。

在区域旅游特色规划中,对于路生型城市,其区域内的城镇文化源相对较单一,城镇特色明显,中东铁路遗产保存得相对较好,可以着重发展特色遗产资源旅游。对于路兴型城市,区域内城镇历史一般较悠久,文化景观资源类型丰富,少数民族特色鲜明,常是历史上的区域政治中心,人文环境优越。中东铁路沿线城镇应根据其历史发展特色,定位个性化旅游发展路线,丰富整个区域旅游产品的构成。

2. 中东铁路沿线城镇节点的特征

中东铁路遗产廊道区域内的近代城镇大多是在外力刺激下形成的,并非因当地各种因素的发展而自发产生。中东铁路遗产廊道内城镇的发展具有以下典型特征。

(1)中东铁路建设推动城镇发展和近代化。

城镇近代化是城镇发展过程中的质的飞跃,涉及城镇结构近代化和城镇功能近代化。在大多数情况下,城镇近代化发展进程,与其生产力发展水平相匹配,是长期积累而产生的质变过程。但是在中东铁路沿线的东北地区,城镇近代化的进程却是由外部力量所致,且城镇近代化的发生时间基本一致。随着中东铁路线路的建设和延伸,铁路沿线各种类型的附属建筑相继出现,产生了许多具有特色风格的中东铁路附属建筑。中东铁路线路上每相隔10 km左右会设置一个车站,为了满足各站铁路职工生活和铁路运行的需求,车站区域大多配备有完备的设施,一般包括站房建筑(内设有售票室、候车室等满足客运功能的屋子)、厨房、餐厅、客房、储藏室及一些紧急发电设备等。20世纪伊始，伴随着中东铁路的建成和运营，区域城镇开始大量兴起，与此同时，各城镇的近代化建设也如火如荼地进行着。受铁路运输功能的影响，中东铁路沿线很快就形成了大量以车站为中心的小型城镇群。随着沿线城镇数量和规模的不断增加和扩大，具有近代化功能的建筑也在各城镇中迅速推广，例如，医院、百货公司、银行、邮电局、工厂等，同时还有马路、电灯、电话等近代市政工程设施，从而彻底改变了该区域内传统的城镇结构，产生了大量近代新兴城镇。因此，遗产是城市文脉的重要体现，应该作为城镇旅游发展潜力的重要影响因素。

(2) 城镇数量多、规模小。

数量上的增多和规模上的拓展是城镇化的主要衡量标准。20世纪初，因中东铁路的修建，形成了依附于铁路的带状城市群。通常情况下，等级越高的车站其配套设施和建筑类型就越丰富。中东铁路干线上的哈尔滨、扎兰屯、横道河子、一面坡、绥芬河等，以及南线上的长春、沈阳、大连等城镇因中东铁路的建设和运行而快速发展，还有一些城镇通过将原有的相对便利的交通与铁路相衔接，从而也得到了一定的发展便利，如昂昂溪、穆棱、虎林等。中东铁路沿线的城镇化进程的一个重要特征就是区域内城镇在很短的时间内快速增长，城镇建成初期发展迅速，各种建筑工程设施不断完善。虽然当时区域内城镇数量陡然增多，但城镇规模普遍较小，大多以中小城镇为主。除铁路运行和管理相关建筑外，为了方便旅客和职工，部分高等级车站的周边区域会建设管理、医疗、工业、教育、商业及娱乐等功能的建筑，还包括许多造型独特的高级住宅等，形成了一个个异域风情浓厚、功能设施完善的小型独立城镇。这些小城镇如珍珠般被中东铁路串联，形成了相互之间联系紧密的带状空间格局，为区域旅游发展点轴空间格局的构建提供了空间和要素基础条件。

(3) 异域景观特色鲜明。

中东铁路遗产是现存的中东铁路时期沙俄和日本为运营中东铁路、管理铁路附属地以及各国为在铁路沿线进行工商业活动，所建设的建构筑物及其空间环境。在附属地的城镇建设方面，俄国人和中国人的居住区域有着明确的界限，在设施质量和生活水平上有着极大的差别，同时也使得铁路沿线的城镇具有了浓厚的西方色彩。这些建筑和设施的外部形态和内部格局与我国传统的古建筑相差较大，体现了独特的异域风情，因此，挖掘区域建筑遗产的异域特色风貌有利于区域旅游吸引力的提升。具体而言，中东铁路遗产廊道沿线城镇的异域景观特色主要体现在以下几个方面。首先是城镇空间格局，它们以异域文化风貌特征反映出自身与其他城镇的不同，是城镇个性与特色产生的基础。其次是历史地段，包括历史上形成的商业区、居住区、风景区等历史街区，它们反映了中东铁路沿线历史时期的生活场景。再次是标志性建筑遗产，包括教堂、火车站、工厂、高级住宅等,以个体的形式真实地展示着城市历史的足迹。最后是丰富多彩的异域风俗,涉及绘画、音乐、服装、饮食、婚丧嫁娶、工艺特产等多个领域。这些共同构成了中东铁路遗产廊道内城镇的异域景观特色,是城镇文化不朽的灵魂。

5.1.3 区段旅游点轴空间格局构建的原则

在全域旅游视角下,区段旅游点轴空间格局构建的目标是实现区段整体旅游分层次、分阶段全面发展,以铁路为发展轴线,辐射带动更大的区域发展,形成旅游产业聚集效应。区段旅游点轴空间格局构建应遵循以下原则。

1. 兼顾整体性与个性原则

区域整体性旅游开发包含多个层次的要素。可以将中东铁路遗产廊道的一个区段整体作为旅游开发目的地,各城镇旅游资源的类型不同,开发的基础条件差异也较大。中东铁路遗产廊道区段内各城镇的旅游发展一定要以增强区段整体的旅游竞争力为重要目标,整体旅游开发是指每个城镇的旅游发展都以区段发展为大背景和前提,各城镇的形象、功能与局部的旅游路线规划,都要考虑相邻景区的概况,与区段整体旅游发展相协调,对区段内各城镇的旅游资源进行优化配置,发挥区段旅游资源的规模效应。基于全域旅游的发展理念,区段旅游发展应以促进多部门、多行业协调融合为开发手段,综合考虑游客的食、住、行、游、娱、购等方面的需求,做好配套服务管理和基础设施建设。在空间格局构建过程中,要注重产业整合,实现旅游的多元化发展,发挥旅游产业间的联动作用。区段的整体特征和区段内各城镇的个性、特色是区段旅游快速、可持续发展的关键,是各区段旅游吸引力的主要来源,各区段的个性与特色源于其旅游资源的构成和质量,这就要求在中东铁路遗产廊道区段旅游开发过程中,要体现和保护资源的地域性和原真性。对于历史遗产和自然景观,要尽量保持其原有风貌,不宜改变具有较高历史价值和文化价值的遗产资源的特征,遗产的拆毁更不可取,城镇在发展和建设过程中还应注重区域文化景观特色的体现。

2. 系统协调原则

系统协调原则包括两方面内容:一方面,要求遗产廊道区段整体旅游开发过程中的生态、社会、经济效益相协调。另一方面,要求遗产廊道区段内各城镇之间旅游发展要协调,区段内各城镇的发展政策要相互协调。获得经济效益只是遗产廊道区段旅游发展的目标之一,经济效益的追求不能超越区域环境和社会的承载力,区段旅游开发首先要考虑环境的容量,不能超过环境的生态承载力,在注重遗产廊道旅游发展对提高当地居民的生活水平、促进城市现代化进程、促进文化交流等的作用的同时,也要考虑到它对区域文化和区域环境的削弱和破坏,不能因为旅游资源的过度开发导致区域文化景观特色的破坏。区段旅游发展在追求经济效益的同时,更要注重遗产资源和自然环境的保护,尽量减少旅游发展对区段的负面效应。另外,在旅游发展过程中,各城镇相关政策的制定和实施都应以区域整体旅游竞争力的提升为前提条件。

3. 多中心原则

核心城镇作为遗产廊道区段旅游发展的中心地、增长极,其主要功能就是发挥自身强大的枢纽和辐射作用,带动遗产廊道区段旅游整体发展。具体作用包括以下两个方面:一方面,区域旅游发展的增长极城镇利用自身丰富的旅游资源和完善的管理、接待措施,成为区域旅游的重要目的地。另一方面,增长极又是区域内外游客旅游的交通枢纽,是区域内其他城镇旅游发展的重要客源地。增长极城镇的核心作用是积极推动区段旅游整体发展。中东铁路遗产廊道各区段内不同规模的城镇,由于其旅游发展区位、辐射范围、资源条件存在差异,其旅游发展定位、服务项目、开发等级也不同。根据点轴开发理论,在区域发展轴线上会有多个增长极共同发挥作用,带动整个轴线发展,所以,对于中东铁路遗产廊道这种大区域尺度的旅游目的地系统来讲,其包含不同等级的旅游中心地所构成的多层级旅游中心地系统,应使各旅游中心地优势互补、协调发展。

4. 强化轴线原则

根据点轴开发理论,轴是指由交通、信息与资源通道所构成的基础设施带,通过这些轴线,人、物质与信息流可以在区域内自由地扩散。中东铁路区段旅游发展以铁路为轴线,串联铁路沿线的旅游中心城镇。随着发展轴线上增长极城镇旅游发展的成熟,区段旅游发展的重心将逐步转移到开发等级较低的城镇,由增长极城镇促进轴线上次一级城镇的旅游发展,构建具有一定层次结构的区段旅游点轴空间格局,进而实现以铁路为轴线的遗产廊道区段旅游全面发展的局面。可以通过城镇旅游相关指标的评价,对城镇旅游的发展潜力进行分级,要了解各个城镇旅游节点的发展现状、特征、功能与定位。在旅游发展轴线上将部分城镇作为重点旅游开发节点,并且要确定旅游发展轴线上旅游节点城镇的开发层次体系。区段内旅游城镇节点的发展定位应与其发展等级和资源特征相适应,一般应优先发展高等级的重点旅游城镇节点,以及功能重要、区位较好的旅游城镇节点。

5.2 区段旅游点轴空间格局构建方法

遗产资源是遗产廊道内城镇发展的重要条件,城镇及区域遗产开发的潜力取决于遗产资源的质量与数量。因此,对遗产廊道区域进行规划的重要工作首先是对城镇遗产资源开发的潜力进行客观的评价,然后将评价结果作为选择增长极城镇并对其分级的依据。

5.2.1 城镇旅游发展评价指标选择与权重

对中东铁路城镇遗产资源进行以保护为目的的旅游开发,首先要对遗产资源的价值进行评估与分析,然后再进行资源开发的科学技术、文化内涵分析,景观特征是城市文脉和旅游价值的共同表现形式。参考佟玉权、韩福文等人对工业遗产旅游资源价值评价体系的研究成果,同时将旅游资源对人的吸引力作为中东铁路遗产资源的重要评价指标,对旅游资源进行有效的筛选。对遗产旅游资源等级进行划分,首先要建立一个评价的模型,提出科学的、易量化的评价指标体系,确定遗产资源价值的量化评价标准,以科学的方法进行遗产资源的等级评价。

影响区域内城镇旅游发展潜力的主要因素分别为旅游资源的吸引力、城镇所在的地理位置及其基础设施。本书将资源和区位作为城镇旅游发展潜力的主要评价指标。旅游资源的价值将影响城镇旅游的发展规模和发展速度,因此资源是区域旅游发展在初期阶段最重要的因素。中东铁路沿线的各个城镇,其旅游资源存在着巨大差异,这种差异主要体现在数量、类型、等级和空间分布方面,正是这些差异造成了旅游节点城镇发展潜力的不同。

区段旅游研究的最低等级评价单元为建制镇,即区段旅游格局构建的主要研究对象为中东铁路遗产廊道内的城镇,若干个车站可嵌入作为旅游节点的城镇。本节确定旅游节点城镇的主要方式为去除无中东铁路遗产旅游资源和整体遗产旅游资源较差的城镇,并对遗产旅游资源较好的城镇进行整理归纳,作为区域旅游开发的重点,突出区域旅游特色,以旅游资源的吸引力作为主要评价内容,旅游资源的价值将是城镇遗产旅游开发的重要因素。除此之外,可达性也是评价处于节点位置的旅游城镇的考虑因素。以中东铁路沿线筛选出的城镇节点作为评价对象,本书将通过两个方面对其旅游发展潜力进行评价,分别为旅游资源的价值和城镇区位条件。首先需建立相应的评价指标体系来衡量旅游发展潜力,其次结合中东铁路研究相关专家给出的评价指标权重值,最后通过统计分析得到各旅游节点城镇的发展潜力综合得分,获得城镇最终的旅游发展潜力值。同 4.2.2 中区段旅游发展指标权重评价一起,向在相关领域较为活跃的专家、学者和当地相关部门的工作人员,以及本书课题组的成员发放问卷。如前所述,共计发放 50 份调查问卷,收回 42 份有效调查问卷,符合统计学要求。通过 Python 软件对数据进行统计分层,输出对应的一级、二级评价指标的最终权重值(表 5.1)。经 Python 计算,然后利用统计手段检验变量的一致性,其中 CR 均小于 0.1,即统计结果通过了一致性检验。

第5章 中东铁路遗产廊道区段旅游点轴空间格局构建

表 5.1　中东铁路遗产廊道城镇旅游发展潜力评价指标及权重

一级评价指标	一级指标权重	二级评价指标	二级指标权重
城镇旅游资源结构(x1)	0.740 2	旅游资源数量(x11)	0.279 7
		旅游资源平均品质(x12)	0.212 7
		旅游资源类型丰富度(x13)	0.166 7
		旅游资源空间聚集度(x14)	0.081 1
城镇交通可达性(x2)	0.259 8	旅游节点城镇通达性(x21)	0.138 0
		旅游节点城镇区位(x22)	0.121 8

5.2.2　城镇旅游发展评价指标分析

本书筛选出以下 6 项指标,作为中东铁路沿线城镇旅游发展的评价指标。

1. 城镇内旅游资源数量

通过对各城镇周边已开发的旅游资源进行的调查发现,大部分中东铁路沿线城镇不仅拥有许多与中东铁路有关的遗产资源,而且很多人文资源和自然景观资源也已被开发。因此,在全域旅游视角下,通过将中东铁路的相关资源与人文、自然景观等已被开发的资源进行有效的整合,可进一步提升城镇旅游业的竞争力和吸引力,带动周边其他第三产业的经济发展。考虑车程和时间等旅游出行的距离因素,本书以旅游节点城镇为中心,将其半径 30 km 以内区域的 A 级及以上的旅游景点纳入研究范围。

2. 城镇内旅游资源平均品质

本书将城镇内旅游资源平均品质作为该城镇旅游发展潜力的重要影响因子。首先通过现场调研打分将每个城镇的遗产旅游资源分成 Ⅰ~Ⅳ 级,并为各级遗产赋予不同的分值,分别为 10 分(Ⅰ级)、7 分(Ⅱ级)、4 分(Ⅲ级)、1 分(Ⅳ级)。将各级遗产的数量乘以各级对应的分值后相加,再除以该城镇遗产的总数,即得到城镇遗产旅游资源平均品质(Q),见公式(5.1)

$$Q = \frac{G_1 \times 10 + G_2 \times 7 + G_3 \times 4 + G_4 \times 1}{G_1 + G_2 + G_3 + G_4} \tag{5.1}$$

式中　Q——单个城镇遗产旅游资源的平均品质得分;

　　　G_n——第 n 级遗产资源的数量。

整合的周边旅游景区资源也根据其旅游评价质量等级的不同,参照上述方法进行平均品质的计算,A~5A 级的旅游景区分值分别为 1、4、7、9、10,最后利用两个分值和相应资源数量计算出各旅游城镇节点的旅游资源平均品质的最终得分。

3. 城镇内旅游资源类型丰富度

以中东铁路文化传播的历史背景为切入点,分别从中东铁路功能相关遗产、中东铁路历史相关遗产两个方面进行研究,遗产是文化的具体承载和表现对象,因此本书针对区域内中东铁路线路本体和遗产廊道城镇内中东铁路相关历史建构筑物进行分类(表5.2)。同时将人文及自然景观等已被开发的资源归为一类进行分析,统称"资源整合"类。

表5.2 中东铁路遗产分类

遗产类型		代表遗产类别
中东铁路功能相关遗产	铁路站舍与附属建筑Ⅰ	火车站舍、工区、机车库
	铁路相关工业建筑及工程设施Ⅱ	工厂、隧道、涵洞、桥廊、桥头堡
	铁路行政管理建筑Ⅲ	铁路管理局
	护路军事及警署建筑Ⅳ	司令部、警察署、兵营、监狱
中东铁路历史相关遗产	城镇公共建筑Ⅴ	医院、俱乐部、学校、图书馆、商店、旅馆、邮局
	社区居住建筑Ⅵ	联户住宅、独户住宅、社区

4. 城镇内旅游资源空间聚集度

以往在研究资源空间聚集度时,很多学者选择最邻近指数法进行资源空间聚集度的定量分析。最邻近指数R_n由生态学家克拉克(Clark)和埃文斯(Evans)提出,适用于研究较多的点在特定大小的空间内不规则分布的情况,见公式(5.2)

$$R_n = \frac{d_0}{0.478\sqrt{a/n} + 0.127 a/n} \tag{5.2}$$

式中 R_n——点分布的最邻近指数;
  d_0——点与点之间的平均距离;
  a——研究对象的区域面积;
  n——点的数量。

通过计算结果分析研究对象的分布特征,当R_n越接近1时,区域内点资源分布越分散;当R_n越接近0时,区域内点资源分布越集中。

由上述方法计算得出的城镇内旅游资源空间聚集度指数只是一个区间值,缺乏体现资源游憩距离的现实意义。旅游研究关注的应该是线性聚集度问题,而不是区域聚集度,区域内点的聚集度不能准确反映针对游览过程的资源点聚集度,更不能给出距离更短的游览路径,而在城镇内的众多旅游资源点间找到最短或较短的游览路径涉及非常庞大的运算量。本书查阅了国内外相关文献,借鉴旅行商问题(TSP)的求解方式,应用蚁群算法,设计了一个 Python 程序,可以很好地研究遗产廊道各城镇旅游资源空间聚集度。

TSP 的数学描述:已知中东铁路遗产廊道一个城镇内有 n 个旅游资源点和各资源点之间的距离,假设一位旅行者以一个点作为起点,游览完所有的点后再回到起点,如何得出该城镇 n 个旅游资源点之间的最短游览路径?设 $C_1, C_2, \cdots, C_n$ 为点的集合,即 $C = \{C_1, C_2, \cdots, C_n\}$,以 $d(C_i, C_j)$ 表示 C_i、C_j 两点之间的距离,$d(C_i, C_j) > 0, i, j = 1, 2, 3, \cdots, n$。由此可以找出一个城市资源点的排列,使得闭合路径 $\sum_{i=1}^{n-1} d(C_{\Pi(i)}, C_{\Pi(i+1)}) + d(C_{\Pi(n)}, C_{\Pi(1)})$ 为最小,其中,$\{\Pi(1), \Pi(2), \cdots, \Pi(n)\}$ 是 $\{1, 2, \cdots, n\}$ 的一个全排列。

TSP 的蚁群算法建模:假设是 n 个旅游资源点的 TSP,先对每个资源点进行地理信息数据预处理,以 GIS 为平台,应用 RS 数据,结合现场调研和 GPS 数据,确定每个资源点的经纬度。

在应用蚁群算法对 TSP 求解之前,选择最邻近指数法完成一次初始游历,并以本次结果作为信息素初值。利用最邻近指数法进行计算的具体过程如下,首先以某个点 C_1 为起始点,如果当前已游历完点的路径是 $C_1, \cdots, C_k$,并且 $k < n$,那么点 C_{k+1} 是排除当前已游历完的点之后,在剩余点中与 C_k 距离最近的点,则新的点的游历路径为 $C_1, \cdots, C_k, C_{k+1}$。当游历完所有点并回到 C_1,本次运算结束。

参考甘巴德拉(Gambardella)和多里戈(Dorigo)等学者提出的 Ant-Q 算法,本书采取的算法是蚁群算法与基于值迭代的 Q 学习相结合的优化算法,点的选择应用确定性与随机性相结合的方法,点的搜索过程可以动态调整。Ant-Q 算法采取自适应伪随机比率选择规则完成点搜索,如当蚂蚁 k 位于点 r 时,按照公式(5.3、5.4)选择下一个点。

$$S = \begin{cases} \underset{u \in allow_r}{\arg\max}\{[Pheromone_{ij}]^A [Heuristic_{ij}]^B\} & if \quad R_0 \leq R \\ p & otherwise \end{cases} \quad (5.3)$$

$$p_k(i, s) = \begin{cases} \dfrac{[Pheromone_{ij}]^A [Heuristic_{ij}]^B}{\sum_{u \in J_k(i)} [Pheromone_{ij}]^A [Heuristic_{ij}]^B} & if \quad s \in J_k(i) \\ 0 & otherwise \end{cases} \quad (5.4)$$

式中,$allow$ 为蚂蚁可选择下一个点的集合,R 为[0,1]内的任何数值,系统选择概率的初始值为 $R_0 = 0.9$,A 表示信息素因子,B 表示启发信息因子,$Pheromone_{ij}$ 表示信息素,$Heuristic_{ij}$ 表示启发式信息,$J_k(i)$ 表示蚂蚁将要选择的点的集合。

信息素的更新方式选择在线单步更新与离线全局更新相结合的方法,即蚂蚁游历时进行信息素在线单步更新,本次迭代完成时进行信息素离线全局更新。

信息素在线单步更新见公式(5.5)

$$Delta\_Pheromone(i,j) = \sum_{k=1}^{m} Delta\_Pheromone(i,j)^k$$

$$Delta\_Pheromone(i,j)^k = \begin{cases} \dfrac{p_1}{L_k} & when \quad ant \quad k\ pass \\ 0 & otherwise \end{cases}$$

$$Pheromone(i,j) = (1 - P_1)Pheromone(i,j) + Delta\_Pheromone(i,j)$$

(5.5)

式中,$P_1 = 0.1$,表示局部挥发系数,$Delta\_Pheromone$ 表示信息素的增加量,L_k 表示第 k 只蚂蚁遍历所有点所经过的路径。

信息素离线全局更新见公式(5.6)

$$Pheromone(Lindex, Jindex) = (1 - P_1)Pheromone(Lindex, Jindex) + P_2 * (1/Lbest)$$

(5.6)

式中,$(Lindex, Jindex)$ 是本次迭代得到的最短路径上的前后两个元素,$P_2 = 0.1$,表示全局挥发系数,$Lbest$ 是本次迭代的最短路径距离。

通过改进蚁群算法,解决 n 个资源点的 TSP,Python 程序的具体设计思路如下。

算法的数据初始化:通过旅游资源的经纬坐标计算点间的距离矩阵 $Distmatrix$。

初始化随机发生器的状态。随机选取初始出发资源点,设定初始出发资源点 $p(1) = round(N_{points} * rand + 0.5)$,其中 N_{points} 表示资源点数目。

使用最邻近指数法完成初始游历,同时对距离矩阵进行更新,并计算距离总长 len。信息素初始值为 $Q_0 = 1/(N_{points} * len)$。

算法主循环步骤如下:进行参数初始化。最大循环次数设置为5 000,信息素因子等于1,启发信息因子等于2,全局挥发系数为0.1,局部挥发系数为0.1,蚂蚁数量与资源点数量相等,选择概率为0.9。

信息素矩阵初始化公式为 $Pheromone = Q_0 * ones(N_{points}, N_{points})$,启发信息矩阵为 $Heuristic = 1./DistMatrix$(由于距离矩阵的对角线为0,在实际操作时我们可以先把对角线赋值为1,然后再点除),将 M 只蚂蚁随机放到 N_{points} 个资源点中,将单次循环蚂蚁的遍历顺序定义为 P,其中 P 为 $M \times N_{points}$ 的矩阵,P 也称为禁忌表,主要是记录次序的。

每个蚂蚁依据 Ant-Q 算法提出的状态转移概率,作为下一个资源点 j 的选择方式。

更新允许矩阵为 Allow_points。

信息素矩阵按照公式(5.3)在线单步更新。

保存行进路径最短的蚂蚁的行进距离和遍历顺序,并记录行进路径最短的蚂蚁的搜索轨迹。

按照公式(5.4)进行信息素离线全局更新。

如果循环次数≥$NpMax$,则循环结束。

算法的输出部分:画出全局最优解的轨迹变化图。

输出资源点遍历的次序。

输出遍历所有资源点所经过的距离的最优解。

5. 旅游节点城镇通达性

城镇在区段内的旅游发展潜力除了要考虑与区域旅游增长极的交通联系,还要考虑城镇的通达性,即城镇到区段内其他城镇的便利程度,通达性决定了该城镇与其他各城镇联系的紧密度和该城镇在区段内的区位重要性。通达性可以用来衡量旅游资源流动的难易程度,即由这个城镇出发,到其他城镇的交通阻力程度。由于遗产廊道内各城镇的交通条件限制,遗产廊道内的旅游交通方式以铁路和公路为主,本书假设相同距离的道路阻力一致,所以通达度指数的计算可以简化为一个城镇到其他所有城镇的平均距离,见公式(5.7)

$$A_i = \sum_{i=1}^{n} D_{ij}/n \tag{5.7}$$

式中 A_i——城镇 i 在遗产廊道区段中的通达度指数,A_i 值越小,该城镇在区段中的通达性越好;

D_{ij}——城镇 i 到城镇 j 的距离,本书以两座城镇间的铁路距离为取值标准;

n——遗产廊道区段内研究的城镇总数减1。

6. 旅游节点城镇区位

可达性反映了城镇之间克服距离障碍进行旅游活动的难易程度,它与城镇的区位、空间联系和空间距离等概念紧密相关。可达性对于城镇旅游发展潜力分析具有重要意义,主要体现在城镇之间的交通联系,以及城镇与区域旅游增长极之间的交通联系,主要通过区位和交通系统对其进行分析,时间和距离是旅游过程中最基本的阻力因素。游客对旅游资源的旅游方式和预期旅游时间,影响旅游规划的行程和线路,研究游客对区段城镇资源的游览意愿,一方面可以为旅游线路的规划提供参考,另一方面可以为城镇旅游发展等级的评定提供依据。由于区段内的旅游增长极城镇是区域旅游发展的主要客源地和游览的起始点,所以与增长极城镇的距离在很大程度上决定了城镇旅游发展的区位优势度。

5.2.3 区段旅游点轴空间格局构建策略

全域旅游视角下遗产廊道区段旅游发展格局构建以评价区段内各城镇的遗产旅游发展潜力为基础,进行区段旅游整体发展研究,合理规划各城镇的发展阶次和定位,并提出预期的游览内容、方式和路线。城镇旅游发展潜力的评价主要是针对遗产廊道旅游系统中的遗产资源、其他资源和游憩系统3个要素进行评价,具体将以下6项评价指标作为中东铁路沿线城镇遗产旅游发展潜力的评价指标,包括旅游资源数量、旅游资源平均品质、旅游资源类型丰富度、旅游资源空间聚集度、旅游节点城镇通达性、旅游节点城镇区位。借鉴旅行商问题的求解方式,应用蚁群算法,设计 Python 程序,为城镇内旅游资源空间聚集度求解。

城镇旅游发展潜力评价以中东铁路遗产廊道城镇遗产旅游资源现状调查为基础,分析游客的出行距离和时间的阻力影响,建立城镇遗产旅游发展潜力评价指标体系,对区段内城镇的各评价指标进行量化分析,统计区段内各城镇的旅游发展潜力得分,根据旅游发展潜力得分划分城镇旅游发展等级,构建遗产廊道区段旅游点轴空间格局。

在全域旅游视角下,中东铁路遗产廊道区段旅游发展格局构建基于点轴开发理论,具体构建步骤包括以下几点:通过对城镇旅游资源的分析,完成资源现状的梳理与统计;通过对城镇旅游发展潜力的评价,明确城镇各评价指标的发展禀赋;通过对城镇旅游发展潜力的分析,完成城镇旅游发展潜力分级;提出区段旅游点轴发展策略,规划点轴结构,明确区段内城镇的发展次序,设计区段整体的游览方式。

遗产廊道的全域旅游要考虑廊道内各个城镇的发展规划,城镇的旅游发展潜力决定了其在遗产廊道各区段内的旅游发展角色和发展次序。根据中东铁路遗产廊道的历史发展脉络和遗产廊道旅游的资源特征,将廊道的4个区段划分为沙俄特色文化主导区和日本特色文化主导区,滨洲段、滨绥段、哈长段3个区段为沙俄特色文化主导区,其文化源地、沿线城镇发展情况、铁路车站等级、中东铁路遗产特征和分布、交通状况等方面有很多相似之处,且相对独立。由于中东铁路尺度较大,包含城镇较多,鉴于本书篇幅有限,区段层面研究选择中东铁路遗产廊道的一个区段为例,对中东铁路遗产廊道这一区段内的各城镇的旅游开发潜力进行研究,以映射整体廊道各个区段旅游发展格局的构建方法,研究范围为区段内中东铁路时期形成或发展的各个城镇。滨绥段是中东铁路遗产廊道的重要区段之一,其系统构成完整、包括中东铁路唯一一个一等站,沿线自然景观资源变化较大,各增长极发展特征较鲜明,而且中东铁路相关遗产的旅游一直以来都是滨绥段内城镇的主要旅游产品,目前滨绥段内旅游资源的开发已初具规模,也拥有了一批较成熟的遗产旅游产品。但是,从全球及国内旅游市场的竞争现状来看,滨绥段遗产旅游整体发展仍处于较低水平,区段旅游发展空间格局缺乏统一规划,旅游热点集中在少数增长极城镇及其邻近城镇,整体旅游吸引力较弱,没有形成整体竞争优势。滨绥段旅游发展要解决现有问题,必须建立科学的旅游发展空间格局,系统规划区域整体旅游发展,从而实现遗产旅游高效益、深层次的发展。综合以上原因,本书以滨绥段为例进行区段旅游发展格局构建的实证研究,验证前文提出的遗产廊道区段旅游空间格局构建的方法与策略。

5.3 区段旅游点轴空间格局构建实证

5.3.1 滨绥段城镇旅游发展潜力评价

对中东铁路滨绥段内 62 个车站及周边地区进行中东铁路相关遗产普查,共登录中东铁路相关遗产 947 处(包括哈尔滨),调研内容包括遗产的现状、位置、历史与现在的功能、建筑技术、风格、所属单位等相关信息,并记录 GPS 数据,进行多角度拍照。

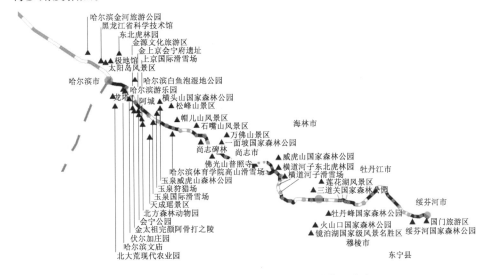

图 5.1　中东铁路滨绥段各城镇周边旅游资源分布

以滨绥段内的城镇作为旅游节点,为突出遗产廊道旅游特色,本次评价范围不包含没有遗产旅游资源和整体遗产旅游资源较少的城镇。分析城镇内的旅游资源的数量、品质、类型和分布特征,以及城镇的区位和交通可达性,了解滨绥段各城镇的旅游资源和区位特征,为城镇旅游发展潜力评价及旅游空间格局构建提供依据。同时考虑将中东铁路遗产与周边其他已经开发的旅游资源进行整合,以带动区域旅游的整体发展,如图5.1所示。

1. 旅游资源数量分析

首先进行中东铁路遗产廊道滨绥段遗产资源筛选,对比分析各城镇的遗产旅游资源数量,发现旅游资源数量明显较多的城镇为哈尔滨有100处、横道河子有42处、绥芬河有36处,其他城镇筛选出的遗产资源数量较少,其旅游发展潜力较差,因此需要对周边的旅游资源进行整合,进一步统计城镇的旅游资源数量(图5.2)。

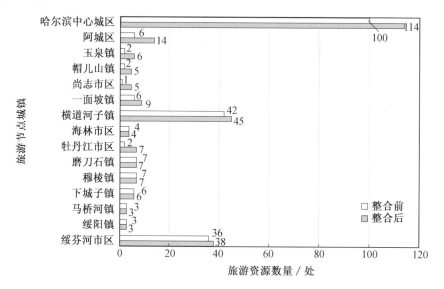

图 5.2　中东铁路滨绥段各城镇旅游资源数量

2. 旅游资源平均品质分析

本书通过对各城镇筛选出的旅游资源进行评价分析,得到城镇旅游资源平均品质的量化数据。通过图5.3的分析结果可以看出,旅游资源平均品质较高的城镇有一面坡、牡丹江、阿城、帽儿山和哈尔滨中心城区5个旅游节点城镇,说明这5个城镇的旅游资源的吸引力要比其他城镇强,游客欲体验这5个城镇的旅游资源的动力就会强于其他旅游资源平均品质较低的城镇。

3. 旅游资源类型丰富度分析

通过对城镇内旅游资源进行类型统计可以看出,拥有旅游资源类型最多的是哈尔滨,有8种旅游资源;之后是绥芬河,拥有7种旅游资源;另外一面坡和横道河子2个城镇的旅游资源类型也相对丰富,拥有6种旅游资源;旅游资源类型最少的城镇是马桥河,仅有1种旅游资源。通过分析可以初步判断,具有较强旅游吸引力的城镇是哈尔滨、绥芬河、一面坡及横道河子,各城镇旅游资源类型及

第5章 中东铁路遗产廊道区段旅游点轴空间格局构建

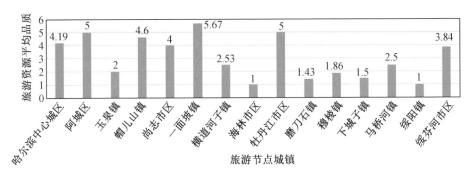

图5.3 中东铁路滨绥段各城镇旅游资源平均品质

数量见表5.3。

表5.3 中东铁路滨绥段城镇旅游资源类型及数量

资源类型	哈尔滨	阿城	玉泉	帽儿山	尚志	一面坡	横道河子	海林	牡丹江	磨刀石	穆棱	下城子	马桥河	绥阳	绥芬河
铁路站舍与附属建筑Ⅰ	1	—	—	—	1	2	2	—	2	6	5	1	3	2	6
铁路相关工业建筑及工程设施Ⅱ	7	4	—	1	—	1	—	1	—	—	—	—	—	1	2
铁路行政管理建筑Ⅲ	3	—	—	—	—	—	—	—	—	—	—	—	—	—	1
城镇公共建筑Ⅳ	56	—	—	—	2	1	—	—	—	—	2	5	—	—	12
社区居住建筑Ⅴ	19	—	1	—	—	1	35	—	—	—	—	—	—	—	14
护路军事与警署建筑Ⅵ	2	2	1	—	1	1	—	1	—	—	—	—	—	—	—
西方文化建筑遗产Ⅶ	12	—	—	—	1	1	—	—	—	—	—	—	—	—	1
资源整合Ⅷ	14	8	4	3	4	2	—	5	—	—	—	—	—	—	2

4. 旅游资源空间聚集度分析

本书将筛选出的滨绥段15个城镇的数据,应用5.2.2节设计的Python程序进行计算,解决中东铁路遗产廊道城镇资源空间聚集度问题,得出每个城镇的最优遍历资源次序图和迭代结果的数据稳定性图,由于数据量过大,不便呈现在书中,故本书以阿城的数据为例说明计算过程,如图5.4、图5.5所示。

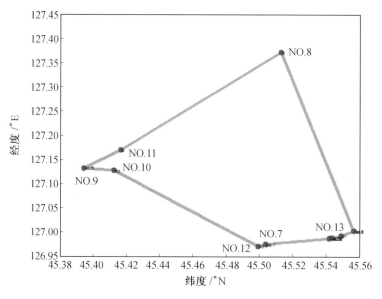

图 5.4 阿城最优遍历资源次序图

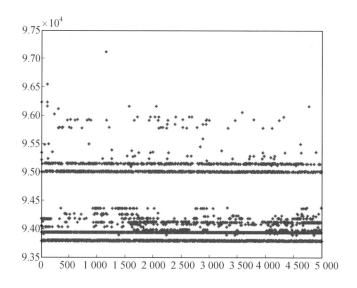

图 5.5 迭代结果的数据稳定性图

阿城最优遍历资源的序号次序为：1-13-2-5-3-4-12-6-11-9-8-7-10-6-1，最优遍历距离为 $9.3792126×10^4$ m，再将最优遍历距离除以资源数量，得到游憩一个资源点所需的游憩距离，按照此程序对滨绥段 15 个城镇的数据进行分析（图5.6），并将分析所得旅游节点的资源平均游憩距离进行归一化处理，由此我们发现滨绥段各旅游节点城镇在旅游资源空间聚集度方面存在较大差异。本书通过资源空间聚集分析,得到滨绥段旅游节点城镇的资源线性聚集度相对值。区域旅游资源空间聚集度较高的城镇有横道河子、绥芬河和哈尔滨,旅游资源空间聚集度越高,游憩阻力就越小,从而使得城镇具有较高的旅游吸引力。

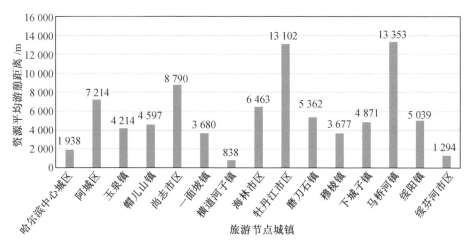

图 5.6 中东铁路滨绥段各城镇旅游资源平均游憩距离

5. 旅游节点城镇通达性分析

除了分析各城镇与区域旅游主要起始点哈尔滨的交通联系,考虑每个城镇到其他城镇的通达性也十分必要。中东铁路滨绥段各城镇被铁路串联,所以线路中段城镇往往通达性指数较小,通过表5.4可知,中东铁路滨绥段区域内通达性指数相对较小的是海林、牡丹江及横道河子,绥芬河和哈尔滨的通达性指数则相对较大。

表 5.4 中东铁路滨绥段各城镇通达性指数

城镇	哈尔滨	阿城	玉泉	帽儿山	尚志市	一面坡	横道河子	海林
通达性指数/km	304	266	250	225	205	198	174	169
排名	15	13	11	10	7	6	3	1
城镇	牡丹江	磨刀石	穆棱	下城子	马桥河	绥阳	绥芬河	
通达性指数/km	171	176	195	206	212	260	283	
排名	2	4	5	8	9	12	14	

6. 旅游节点城镇区位分析

为深入了解游客的出行方式和出行时间,本书通过发放调查问卷,统计滨绥段游客的出行意愿,以本书课题小组在调研过程中遇到的且对滨绥段遗产感兴趣的人为问卷调查的对象。共发放调查问卷 200 份,回收有效问卷 176 份,并统计分析调查问卷结果。

通过对中东铁路遗产廊道旅游意愿与方式的调查发现,被调查者希望乘坐火车游览中东铁路的占 74%、希望自驾游的占 16%、选择客车等其他方式的占 10%。因此本书以火车作为旅游的出行方式,分析各个城镇的交通区位,现行哈尔滨到绥芬河的火车运行时速为 60 km/h。在调查旅游出发地所在城市时,发现 86% 的游客将哈尔滨作为旅游出发地,其余少数游客会将出发地定在海林、牡丹江、绥芬河等地。因此本书以哈尔滨为出发地展开研究,对区域内各城镇的可达性进行分析。

由于以火车作为主要游览方式,并且中东铁路遗产多数集中在火车站周围,城镇之间的单位距离道路交通出行阻力相近,因此,可达性可简化为各节点城镇距起始点的距离,距离越近交通阻力越小,城镇可达性就越强。滨绥段以哈尔滨作为起始点,将哈尔滨的交通阻力值设定为1,距离每增加 100 km,城镇的交通阻力值加 1。

从哈尔滨到绥芬河火车需行驶 10 h,本书调查游客愿意花在交通工具上的时间发现,62% 的游客单程愿意花费 1~4 h 用于乘坐交通工具,30% 的游客愿意花费 4~7 h,8% 的游客愿意花费 7~10 h。本书以火车 4 h 运行的距离讨论出行空间范围,规划区域旅游发展空间格局。

通过调查可知,火车是多数游客首选的出行方式,游客大部分愿意在交通方面单程花费 4 h 之内,花半天到一天时间来参观中东铁路相关遗产,本书将以此数据计算距离,规划滨绥段旅游线路。由于火车的运行时间和线路较固定,受人为和自然因素干扰较少,因此影响各城镇间交通阻力的因素主要是距离,前往其他城镇的平均距离越短,城镇的旅游通达性越强。

5.3.2 滨绥段城镇旅游发展潜力分析

对中东铁路滨绥段旅游节点城镇的旅游发展潜力进行评价,我们主要通过对城镇旅游发展潜力评价体系中各项指标的定量分析,结合各评价指标的权重,统计出每个城镇的旅游发展潜力得分,并根据旅游发展潜力得分对城镇进行排序。

由于分析各项指标分值时,不统一的数据单位不能叠加计算,但同一个评价因子,各城镇得分的比是固定的,因此将每项评价因子的最高值设定为 10 分,其他城镇该项因子的得分根据与最高值的比例关系来确定,从而把各评价因子的数据进行归一化处理(表 5.5)。

表 5.5 城镇旅游发展潜力各评价因子的数据统计表

城镇	旅游资源数量(x11)	旅游资源平均品质(x12)	旅游资源类型丰富度(x13)	旅游资源空间聚集度(x14)	旅游节点城镇通达性(x21)	旅游节点城镇区位(x22)
哈尔滨	10.00	7.39	10.00	4.32	5.56	10.00
阿城	1.08	8.83	3.75	1.16	6.35	7.09
玉泉	0.59	3.52	3.75	1.99	6.76	6.17
帽儿山	0.49	8.12	3.75	1.82	7.51	5.00
尚志	0.39	7.06	2.50	0.95	8.24	4.15
一面坡	0.88	10.00	7.50	2.78	8.54	3.83
横道河子	4.41	4.46	7.50	10.00	9.71	2.69
海林	0.39	1.76	3.75	1.30	10.00	2.31
牡丹江	0.69	8.81	2.50	0.64	9.88	2.20
磨刀石	0.69	2.52	2.50	1.49	9.60	2.09
穆棱	0.69	3.28	2.50	2.28	8.67	1.89
下城子	0.59	2.65	2.50	1.72	8.20	1.81
马桥河	0.29	4.41	1.25	0.63	7.97	1.78
绥阳	0.29	1.76	2.50	1.66	6.50	1.61
绥芬河	3.73	6.77	8.75	6.48	5.97	1.54

综合各项评价因子的分值和权重,对中东铁路遗产廊道滨绥段各节点城镇的旅游发展潜力得分进行统计,得出中东铁路滨绥段各旅游节点城镇旅游发展潜力值(图 5.7)。

哈尔滨的旅游发展潜力明显优于其他旅游节点城镇,因此最具旅游发展潜力,可作为一级旅游节点。除哈尔滨外,其他城镇以发展潜力平均值 4.1 作为比量标准,我们得出具有较大发展潜力的城镇还有绥芬河、横道河子、一面坡、阿城、帽儿山和牡丹江 6 个旅游节点城镇,它们是区域旅游的优势节点,可将它们作为二级旅游节点。参考点轴开发理论的旅游发展理念,绥芬河的旅游发展潜力较大,也是区域的旅游终点及边境城市。因此,出于整体格局构建的需求,平衡区域发展结构,可将绥芬河作为一级旅游节点进行开发,带动沿线旅游发展潜

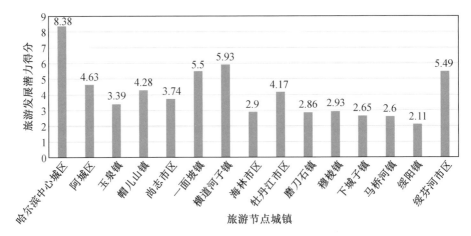

图5.7 中东铁路滨绥段各旅游节点城镇旅游发展潜力值

力较小的城镇共同发展。由此确定区域旅游的一级旅游节点包括哈尔滨和绥芬河,二级旅游节点包括横道河子、一面坡、阿城、帽儿山和牡丹江5个城镇,其他城镇作为三级旅游节点进行开发,依附具有优势的旅游城镇进行发展。区域旅游要优先发展一级旅游节点,充分发挥其对其他城镇的带动辐射作用,适时发展二级旅游节点,推动区域的整体旅游发展。

5.3.3 滨绥段旅游点轴空间格局

中东铁路滨绥段点轴空间格局以滨绥段铁路为轴线,共有一级旅游节点2处(哈尔滨与绥芬河),二级旅游节点5处(阿城、帽儿山、一面坡、横道河子、牡丹江),三级旅游节点8处(玉泉、尚志、海林、磨刀石、穆棱、下城子、马桥河、绥阳)。哈尔滨和绥芬河为区域一级旅游节点,是区域旅游发展的两个增长极,可带动区域旅游全面发展。哈尔滨作为区域旅游的核心城市,同时也是中东铁路滨绥段旅游的最大吸引点和主要起始点;绥芬河作为中东铁路滨绥段旅游的重要目的地,兼具中东铁路遗产特色,并且为中俄贸易口岸,同样在区域城镇中拥有较强的旅游吸引力。一级旅游节点应当在区域旅游发展中发挥积极的辐射带动作用。

通过问卷调查与统计分析发现,62%的游客可接受在交通上花费4 h去游览本区段,以火车4 h的行驶距离作为辐射半径,哈尔滨所能辐射的本区段二级旅游节点有阿城、帽儿山、一面坡和横道河子,以及2个三级旅游节点。绥芬河在本区段内可辐射1个二级旅游节点(牡丹江)和6个三级旅游节点。但是考虑区段发展的整体性原则和多中心原则,绥芬河与哈尔滨距离560.54 km,可建立2个核心节点加1个联动节点,即采取"2+1"的发展结构,将更有利于区域旅游的发展。通过联动节点来协调2个核心旅游节点的发展,将会促进哈尔滨和绥芬河旅游发展的互动,进一步强化区域旅游发展轴线的功能,从而促进整个区域的旅游经济发展。横道河子处于哈尔滨和绥芬河的中间位置,且横道河子是黑龙江省首个国家级历史文化名镇,作为区域内二级旅游节点,其旅游资源吸引力较强,因此可将横道河子确定为区域旅游发展联动节点,以实现区域旅游联动发展,为区段旅游发展提供中转和服务功能。

由于区段内各城镇旅游发展现状差异较大,因此不能实现区段内各城镇旅游的同步发展。根据遗产廊道全域旅游整体规划原则,本书将整个区域划分成2个旅游发展区:哈尔滨—横道河子旅游发展区,发展目标为进一步提升旅游品质;横道河子—绥芬河旅游发展区,发展目标为旅游基础设施建设。2个区域以横道河子作为联动节点共同发展。

哈尔滨—横道河子旅游发展区,旅游起步较早,具有相对完善的旅游基础设施,旅游产业持续稳步发展。此区域适合进一步开发、整合旅游资源,完善旅游基础设施,提升旅游品质,实现旅游产品多样化,积极推进全域旅游。横道河子—绥芬河旅游发展区,旅游发展水平及发展潜力相对较低,未来旅游发展应借助2个方面的动力,其一是通过中东铁路遗产廊道旅游发展带动全域发展,其二是中俄特色旅游,该区域应以加强旅游资源开发、基础设施建设,提高旅游接待服务能力作为发展目标。

根据对滨绥段旅游资源的现状分析可知,区域内适宜构建以中东铁路工业文化遗产为主题的旅游线路,可复原局部中东铁路的原始运行系统,恢复重点火车站的历史运行管理系统(如香坊站),让人们在游览沿途美丽风光的同时,还能体验蒸汽机时代铁路工业景观的魅力。

第6章 中东铁路遗产廊道城镇遗产游憩网络空间格局构建

　　遗产作为遗产廊道的核心资源,也是以全域旅游视角进行研究的资源系统的基本单元,遗产游憩网络空间格局的构建是实现全域旅游发展的重要步骤。遗产游憩网络是遗产廊道旅游系统的一个重要子系统,它与自然资源系统、其他文化景观旅游资源系统共同构成多元的遗产廊道旅游系统,为游客提供多种旅游体验,满足不同游客群体的差异化旅游产品需求。根据游憩地理学理论,城镇是大部分遗产的空间环境和人们生活的载体,遗产游憩网络格局的构建应以城镇为单位,包括网络节点、网络路径和游憩方式3部分内容。本章在全域旅游视角下,应用游憩地理学理论,指导中东铁路遗产游憩网络构建研究,构建服务于居民和游客的遗产游憩网络。通过对中东铁路相关遗产的主题梳理,构建遗产游憩网络,对遗产空间与城市功能进行整合,展现中东铁路沿线城镇文脉的时空连续性。

　　本章提出了中东铁路遗产资源和廊道邻近资源的判别标准,提出城镇遗产游憩网络空间格局构建的技术路线和网络源点的筛选原则,网络路径的选择考虑到公众从一个遗产点步行到附近遗产点游憩的过程中,由于经过道路的距离、类型和坡度不同,受到的累积阻力也不同,因此结合GIS平台,应用最小累积阻力模型,完成网络路径的选择。哈尔滨的城市特色保护与发展应该明确其特征、发展方向,引导资源整合,提高城市历史文化的大众认知度,扩大中东铁路遗产区域特色的影响力。为哈尔滨中东铁路遗产游憩网络构建完善的解说系统,以提高公众对遗产资源的认可度。建议按照以下步骤深化哈尔滨城市特色建设,首先,建构哈尔滨城市特色主题网络,按照历史功能和遗产价值对特色资源进行主题分类、筛选和路径分析,对各个主题进行整合,形成哈尔滨中东铁路遗产主题空间网络。其次,根据中东铁路遗产资源特色主题分布情况,建立遗产文化渗透引导机制,通过城市风貌规划、公共设施导则等政府引导的方式,在城市建设过程中保障老城区风貌特征鲜明统一。

6.1 城镇遗产游憩网络空间格局构建基础

　　本书研究的中东铁路遗产是具有历史、社会、审美、经济价值的中东铁路相关建构筑物遗存。对于遗产的价值构成分析和价值评估是遗产保护和再利用的基础,保护意味着对价值的珍视,保护的前提是对价值的调查、评估和筛选,没有调查、评估、筛选,也就没有真实、有效的保护,对于综合价值较高或某类价值特别突出的遗产,在网络构建过程中需要给予特殊的关注。

6.1.1 游憩地理学与城镇遗产网络格局构建

1. 游憩地理学理论

早在20世纪初,地理学就开始了对游憩现象的研究。伴随相关研究的不断深入,游憩地理学理论逐渐形成并发展。近年来,由于有了新的学术思想、新的研究方法,各热点领域的研究得到了空前发展。游憩作为各区域提高经济效益的有效途径,成为备受关注的研究领域,越来越多的地理学家开始投身于游憩地理学研究。

游憩地理学是一个多学科交叉的复杂学科,许多研究思想和方法来自其他学科,即地理学的其他专业和其他边缘学科。生态学和自然地理学从自然科学的角度为游憩地理学提供了思想基础;数量地理学提供了科学的统计方法;经济地理学在方法和理论两个方面都提供了重要借鉴;社会学、心理学和人类学加深了游憩地理学对个体行为和群体行为的理解。

游憩地理学研究包括两条主要分支,其代表着该学科的两大主要研究方向,分别是针对旅游资源的研究和针对游憩的研究。以旅游资源为基础的研究,包括对资源的调查、评价、分析、筛选和利用等,这类研究目前已扩展到不同景观资源的评价方法、资源选择模型的建立及资源利用的趋势分析等方面。针对游憩的研究,包括从时空角度针对游憩行为展开的描述性研究。目前,对游憩的研究已不断专门化,包括游憩影响的评价、不同变量和游憩习惯间关系的分析及游憩的预测等。目前游憩地理学的课题包括现有模型的完善、对不同模型和公式的对比,以及对模型建立方法的改进。

游憩地理学对游憩的描述性研究包括3个基本要素:节点、连接节点的路径和游憩方式。节点是游憩研究的核心空间要素,节点不只强调旅游资源的区位,节点的吸引力还产生了游憩行为。路径是节点间有规律的游憩行为的选择结果,路径通常包括一种或两种游憩交通方式,一般多数人选择人行和车行道路作为游憩路径。游憩方式主要是指交通方式、交通工具的选择及具体的游览方式。

节点的分析要结合旅游客源地和目的地,分析客源地游客的出游偏好和目的地的旅游资源特征,进而分析旅游客源地与目的地的联系。其中旅游的方式和距离、游客的类型特征及偏好,以及游客的出行时间和空间特征,都是需要结合节点进行分析的重要旅游影响要素。游憩地理学对游憩路径的描述性研究主要集中于游憩成本和客流量。当然也有地理学家认为,游憩本身是生活中主动享受的过程,而不是为到达目的地的科学选择过程,应更多从心理学角度对路径进行分析。

可达性指数的计算有助于我们找到游憩阻力最小的路径。可达性指数主要分析两个节点之间最小阻力路径的可达程度。在游憩地理学的相关研究中,针对交通方式的研究比例较小,很多研究仅在更大的研究课题中有所涉及。然而,交通方式决定游憩方式,限制游憩距离,影响游憩网络构建的方式,应是游憩研究不可缺少的内容。

2. 遗产与游憩

1972年,联合国教育、科学及文化组织大会第十七届会议通过的《保护世界文化和自然遗产公约》标志着遗产保护在世界范围内进入了新的阶段。遗产保护与申遗工作的迅速发展,极大地促进了旅游行业的发展。大众对遗产的关注程度和保护意识都在与日俱增。遗产旅游急速发展,很多稀缺的经典遗产资源承受着巨大的旅游压力,而遗产游憩现状并不能满足大众日益增长的遗产游憩需求。在遗产旅游高速发展的过程中,应保护文化遗产资源,在满足游憩需求的同时,实现遗产的保护与利用。

遗产可以通过游憩来实现其文化价值、历史价值和经济价值,营造城市历史文化主题空间。科学、合理的游憩利用更有利于文化遗产的可持续保护。通过游憩,可以深入挖掘城市的历史文化内涵,将文化遗产资源通过旅游解说加以阐释,从而使广大游客和居民对其认知、理解乃至主动保护。遗产具有研究、文化、游览、审美、教育等价值,游憩需要资源拥有文化、审美、休闲、度假、娱乐、健身等功能,由此可见,遗产与游憩的契合度很高,遗产是提升区域旅游产品质量的重要资源。

城镇内遗产的公共游憩空间正在从孤立存在向网络联动发展,从类型单一向多元共生发展,城镇遗产游憩网络的发展符合人们日益增长的休闲游憩需求,以及旅游系统与城市居民生活系统发展的需求。中东铁路所处的东北地区城镇公共游憩空间明显不足,遗产游憩网络空间格局构建会对城镇公共游憩空间的改善起到良好的促进作用。网络空间格局有较强的稳定性,可促进系统内所有节点的吸引力的增强,不会因为某一个节点失去吸引力而造成系统断裂。网络通过其系统联动效应,使节点的吸引力增加、节点间的联系紧密。单个遗产的吸引力来源于其自身的内在价值,外力的作用有助于激发遗产的潜在价值,而游憩网络提供了多种媒介的外力。城镇遗产游憩网络空间格局构建,可将遗产资源融入城市公共游憩系统,从而实现遗产的保护与利用。游憩网络连接了遗产和城镇其他类型公共游憩空间,通过资源特色互补来增强网络的吸引力,改善城镇的旅游环境,提升游客和居民的游憩体验,使遗产游憩网络成为城镇发展的有效推动力,支撑和促进遗产廊道的全域旅游发展。

遗产游憩网络是城镇内多种类型旅游资源空间体系的交织与融合,对于遗产廊道资源的保护及其空间场所的历史文化传承具有重要意义,对于丰富城镇游憩活动、改善人居环境、促进商业繁荣、提高生活品质、改善城镇形象、完善基础设施等方面也具有良好的促进作用。因此,遗产廊道资源与城镇游憩系统的结合,对于城镇建设、发展和文脉的传承都有着深远的影响。

6.1.2 城镇遗产游憩网络的构成

网络是由节点和连接节点的线组成的网状结构,也可引申为形式上类似网状的结构,用来体现相互联系的系统要素。从功能、形态或构成等角度可划分出不同的网络类型,网络既可以是客观世界真实的空间关系结构,也可以是用来认识和表述某种联系的虚拟结构。在地理空间层面存在区域水系网络、道路交通网络、绿色空间网络等;在社会空间层面存在人与人之间的各种关系网络等。网络的结构由空间要素以某种方式进行连接而产生,人、物、信息或能量等要素可以通过合理的网络结构进行流动。城镇遗产游憩网络讨论的是遗产在文化、功能和空间上的联系,以及人在网络中的游憩路径与方式。

城镇遗产游憩网络是综合遗产的空间、文化和功能的城镇游憩系统,点状的遗产资源依据不同的文化、功能类型,在空间分析的基础上,构建而成遗产游憩网络结构。文化类型决定遗产资源的筛选,网络的核心节点由中东铁路文化遗产资源构成;功能类型决定网络的主题分类,为了使网络更具条理化,便于游憩,按照功能主题对城镇遗产游憩网络空间进行构建是有效的可行方式;遗产的空间分布决定游憩的交通方式、路径的选择和功能节点的布置。根据不同城镇文化特点的差异,网络结构也可能发生变化,在构建过程中我们要根据不同城镇的特征合理地选择网络空间结构。对遗产之间的内在文化和功能联系加以梳理,依据其遗产类型与空间布局构建游憩网络,真实反映城镇历史文化遗产的形成和发展过程。通过将分散的遗产资源构建成网,可以从系统角度挖掘遗产资源的潜在价值。提出遗产游憩网络构建的原则和方法,意义在于拓展遗产保护与利用的视角,辨识游憩网络的结构关系,为更多区域具有不同文化背景的城镇的遗产保护与利用研究提供可借鉴的方法。

遗产游憩网络空间格局构建的核心是网络构成分析。网络由源点和路径两个基本要素组成,包括由众多源点构成的遗产资源等级体系和由众多路径构成的道路类型体系,网络空间格局构建过程具体包括3方面内容:节点的主题分类与分级、游憩方式与路径的选择、网络构建与系统优化。在分析遗产游憩网络节点时,要揭示空间相对独立的遗产资源在历史和文化特征上的联系,并且要解说这些联系形成的原因。同时,还应分析遗产资源间满足特定游憩方式的交通可达性,并考虑在现有交通条件下是否能够做到多个遗产点共用一些游憩路径,以减少基础设施建设的支出、提高游憩服务效率。根据遗产距离划分步行游憩组团,确定游憩的车行或步行方式,再分析交通可达性,选择游憩路径。遗产游憩网络路径选择主要考虑影响游憩可达性的3方面因素,即遗产游憩网络源点之间的道路类型、距离和坡度。到此,基础网络的核心部分已经构建完成,然而为提升游憩体验,我们还需要对网络系统进行优化,提高网络的连通性,提升网络的服务水平,融入城镇现有游憩系统,实现游憩资源一体化建设,具体通过设置功能节点和调整路径来实现网络优化,设置功能节点使网络连通性提高,构建完善的解说服务系统;调整路径,使游客可以经过邻近优质的旅游资源,丰富网络的资源系统。中东铁路遗产游憩网络结构如图6.1所示。

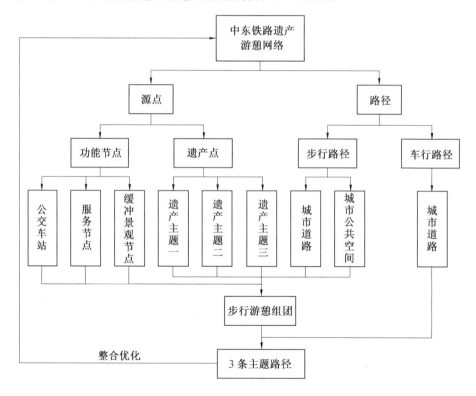

图6.1 中东铁路遗产游憩网络结构

6.1.3 城镇遗产游憩网络空间格局构建原则

1. 多方参与

多方参与即全民、全部门参与城镇遗产游憩网络空间格局构建。基于全域旅游视角,遗产游憩网络可以与城镇内相邻的游憩空间、旅游景点、绿色空间、公共服务节点等进行叠加,分析各类游憩资源要素可能存在的叠合关系可知,居民、游客、政府、企业可以共同参与,将游憩网络与城镇公共服务结合,从而形成游憩网络不同的目标价值取向,如保护遗产、完善公共基础设施、恢复生态、提升旅游产品价值、发展城镇经济、改善游客的体验等。相较于单独的遗产或景点、景区,多目标、多方参与的遗产游憩网络系统涉及更复杂、多样的构建层次和发展方式,以遗产资源作为核心的游憩网络更具活力和吸引力,所以构建多方参与的遗产游憩网络对于城镇发展具有重要意义。

2. 虚实并建

网络的构建不能单纯分析空间关系,而忽略了遗产的历史文化属性,历史文化特征是遗产游憩网络的解说系统,是遗产网络区别于其他游憩空间的核心特征。遗产资源的基本结构特征源于其空间联系,构建遗产资源的空间联系可从两个方面入手:一方面,强调实体空间联系,如廊道、边界、格局、缓冲区等,使相同文化主题的遗产资源互相连接,形成连续的空间结构,遗产的历史发展脉络、文化传播过程、所处城镇的交通体系等,都具有空间或概念网络的属性特征。另一方面,也要重视通过政策、制度、投资等手段,加强遗产整合与管理,促进政策、信息、研究成果的共享。对于城镇遗产游憩网络空间格局,可行性与实施的保障是其发挥价值的关键。

3. 网络系统层次化

遗产游憩网络是多层级的复合系统,其将特定历史背景下某种文化传播的结果按照不同类型联结成网,遗产形成了该网络的核心吸引力,遗产间路径的功能要满足要素的流动需求,并通过整合、优化形成以游憩和遗产保护为目的的空间网络。网络路径是指供人、物质、信息等要素流动的交通道路,是实现游客和居民游憩,串联不同历史文化遗产的重要媒介。城镇遗产游憩网络不仅包括遗产空间环境、道路交通、绿地系统等,也包括遗产资源之间的文化关联。单个遗产并不能体现城市文脉的内涵,城市文脉需要不同类型的遗产通过某种轴线或演进关系来体现。城镇遗产游憩网络的层次化构建,使得城镇中空间相对孤立的遗产点有机联系在一起,重新焕发系统的整体活力,便于人们认知遗产的形成原因和历史发展过程,使中东铁路相关遗产在新的时代背景下通过游憩被利用,实现可持续发展。通过遗产的分类主题进行线路的构建,在城镇内形成一个完整的网络结构,网络结构是遗产历史文化背景的空间表达。通过对中东铁路遗产资源的梳理和文化主题的挖掘,完成网络核心要素的层次、类型划分,游憩网络结构就是将资源的"点"要素通过交通的"线"要素进行串联、整合、优化所形成的空间系统。在城镇区域范围内,具有不同文化背景的遗产类型其特征不同,但其产生有着共同的历史因素,即因中东铁路而产生和发展,且在空间上密切联系。我们将不同时间、空间和文化类型的遗产叠加整合形成网络后,其将完整地展现中东铁路历史文脉。

4. 网络与城镇发展相协调

遗产在当今城市快速发展的过程中,其空间格局破碎化现象严重。很多遗产周边的空间环境杂乱不堪、游憩可达性差,具有特色的历史文化遗产在城镇发展中并没有发挥应有的价值、作用,反而被看作影响整体形象的毒瘤。从遗产保护视角来看,传统的遗产保护思路易使遗产陷入孤立状态,遗产的保护与城镇发展相割裂。这种现象在一定程度上限制了遗产的保护和城镇的发展,成为城镇发展不平衡的重要影响因素之一。因此,将遗产融入城镇发展是十分必要的,应将遗产作为城镇游憩系统的一部分。城镇遗产游憩网络空间格局构建要充分考虑到遗产是城镇重要的公共文化资源,应该让其积极地融入城镇公共空间之中,与城镇发展相互协调、相互促进。

6.2　城镇遗产游憩网络空间格局构建方法

中东铁路沿线城镇遗产游憩网络空间格局构建,并不是指廊道内所有城镇都需要并适合构建遗产游憩网络,那么,哪些城镇需要构建遗产游憩网络,这是我们在构建前需要研究的问题。首先可以进行城镇的景观特色评估,当城镇的遗产资源达到一定数量,且中东铁路遗产资源景观特色为这个城镇的核心特色景观,这个城镇才适宜构建遗产游憩网络。

6.2.1　城镇遗产游憩网络节点筛选与分类

1. 城镇遗产游憩网络节点分级登录

遗产资源作为网络构建的前提条件,是网络的核心节点要素。为满足网络的高效游憩和城市文脉的清晰呈现,全域旅游视角下的遗产游憩网络空间格局的构建并不是包括城镇内的全部遗产,需要对判别登录后的遗产资源进行筛选和分类,进而便于构建层次结构清晰、利于遗产游憩和认知的网络空间格局。

对遗产的分类和评级是研究的重点,是遗产保护和再利用的依据。遗产廊道是新型文化遗产,中东铁路遗产与传统文化遗产的历史和现状都有很大不同,在分类和评级上也有很多特殊之处。《中华人民共和国文物保护法》规定:"在中华人民共和国境内,下列文物受国家保护:(一)具有历史、艺术、科学价值的古文化遗址、古墓葬、古建筑、石窟寺和石刻、壁画……"因此,对于传统文化遗产的保护,我国根据历史、艺术、科学价值对文化遗产进行级别评定,而对于遗产廊道内遗产价值的评定需要在综合考虑各方面价值的同时,考虑其对区域发展的影响及对区域文脉的影响。因此,应该对遗产的保存现状、濒危度、综合价值和分项价值分别进行评级,并根据等级认定的结果决定以后的保护措施。由于建设年代、建造工艺、使用过程等方面的差异,中东铁路相关遗产的类型特征和保存现状的差异较大。遗产的调查包括历史文献梳理和现场调查两部分。通过历史文献梳理,整理、筛选出中东铁路遗产资源,初步确认与中东铁路功能和历史相关的遗产,经过对这些遗产的现场调研,排除质量较差和已拆毁的遗产。在调查相关遗产时,要综合考虑其历史、艺术、经济、科学价值4个方面的因素,对相关遗产进行判别登录(附录2)。

历史价值是判断遗产是否可被登录的重要因素,主要是指遗产是否与重要的历史事件或历史人物相关、是否对城镇或区域的历史发展有重要意义。建设年代是确定遗产与中东铁路关系的必要条件,本书主要调查1952年以前建设的中东铁路相关的历史建构筑物,不在研究历史时段内或与中东铁路相关文化无关的遗产不予登录。

艺术价值可以体现在以下两个方面。第一,建构筑物本体方面,主要是指遗产建筑形式的审美价值,包括色彩、造型、装饰、比例等。第二,城市景观特色方面,主要指遗产的特色价值,中东铁路遗产凭借其独特的结构与外形特征,结合其区位和体量,成为城市景观的标志性建构筑物。

经济价值主要是指遗产建构筑物改造与再利用的潜力。遗产的质量、区位、稀缺性都影响其经济价值,遗产的质量影响其使用价值,区位和稀缺性影响其游憩开发价值。

科学价值是指中东铁路相关遗产建设应用的结构、材料或某个特殊构造具有先进性或开创性,从而具有建筑或工业技术发展史上的研究价值或典型性。

只要遗产的某一项价值表现突出,就要对其进行遗产登录。网络源点要突出其历史价值,在选择遗产评价的因子时也应突出这一特性。中东铁路遗产资源的评价因子包括历史价值、艺术价值、经济价值、科学价值4个一级评价指标,并将一级指标划分为10个二级评价指标。与第4章、第5章的评价指标权重调查一起,对50位与遗产研究相关的专家、学者和当地相关部门的工作人员,以及本书课题组的成员进行问卷调查,首先对一级评价指标进行两两比较,再两两比较每项一级评价指标下的各项二级评价指标。基于层次分析法,应用Python软件,利用问卷调查所获得的数据计算每项评价指标的权重(表6.1)。

表 6.1 中东铁路遗产资源评价表

一级评价指标	二级评价指标	权重
历史价值	与历史人物的相关程度	0.13
	与历史事件的相关程度	0.12
	年代久远程度	0.15
艺术价值	建构筑物的造型、比例、色彩、装饰等形式意义上的美学价值	0.15
	建构筑物的风格、样式对文化的展现	0.07
	建构筑物在环境中可作为地标或视觉焦点	0.02
经济价值	保存现状完好程度	0.13
	稀缺性	0.07
科学价值	建构筑物结构或材料创新	0.04
	行业开创性和工艺先进性	0.12

根据表 6.1 可知，由于评价指标较具体、详细，涉及的人为主观判断部分较少，统计过程中不宜追求过大样本量，因此通过 5 名相关领域的专家、学者即可得到相对客观的评价结果，由他们对入选的中东铁路遗产资源进行价值评价。每个二级评价指标以 10 分为满分，将得分乘以相应的权重值后再求平均值，得到遗产二级评价指标的得分，将遗产的 10 项二级评价指标的得分相加得到遗产资源价值的得分，根据遗产价值的得分的分布情况，将遗产分成 1~4 级，依次为：$10 \geqslant n \geqslant 8$ 分为具有高价值的中东铁路遗产、$8 > n \geqslant 7$ 分为具有较高价值的中东铁路遗产、$7 > n \geqslant 6$ 分为具有一般价值的中东铁路遗产、$6 > n \geqslant 0$ 分为具有较低价值的中东铁路遗产，因为全域旅游也并非是对所有资源进行旅游开发，为便于游憩，提高游憩资源的质量，所以第 4 级的遗产暂不列入本书的遗产游憩网络空间构建中。

2. 城镇遗产游憩网络解说系统分析

解说系统构建的关键是确定遗产廊道的主题，再根据不同主题采取多元化解说手段，将遗产的历史背景、资源现状、存在价值等信息，真实、完整地展示给公众。一般来说，同一遗产廊道可以确定一个或多个主题，也可分段确定不同的主题，对遗产廊道资源进行综合分析、认知、判别，结合文化与历史背景，针对不同资源现状进行主题构建。根据遗产廊道的历史背景、文化内涵等方面的特征，廊道主题大致可分为以下 3 种类型：历史文化主题、休闲游憩主题与自然生态主题。

历史文化主题在遗产廊道解说中应用较多。解说系统构建的目的是为旅游者和居民提供多种主题以供游憩,以不同的形式和角度呈现遗产廊道的历史文化特征。例如,王肖宇(2009)研究的京沈清文化遗产廊道构建以"清文化"为核心主题,遗产廊道的解说系统规划了4条历史主线。

休闲游憩主题在遗产廊道解说中相对较少,但也是廊道主题的重要组成部分。尤其是大型遗产廊道,其范围往往较大,囊括沿线功能各异、形式多样的景观空间和附属建筑等,这些资源都具备一定的休闲游憩功能,构建休闲游憩主题可以有效地整合这些资源,使其发挥更大的整体效益。

自然生态主题通常贯穿于遗产廊道的历史文化主题之中。例如,京杭大运河遗产廊道是历史上联系南北方的交通要道,其不仅在历史上为促进我国南北方文化交流与经济繁荣做出了重要贡献,同时对我国近现代工业发展的影响也不容忽视。京杭大运河沿线聚集了众多近代民族轻纺工业,包括面粉、缫丝、棉纺织、丝织等工业,是我国近代民族轻纺工业的重要发源地。同时,京杭大运河在区域内也发挥着重要的生态功能,产生了巨大的生态效益,整个遗产廊道的自然生态主题景观与历史文化主题景观相互渗透融合。

遗产廊道主题的确定取决于廊道的核心资源,需要全面了解遗产廊道的历史背景和文化范畴,通过分析遗产廊道的资源现状特征,强化遗产廊道的文化内涵和区域特色。例如,滇越铁路遗产廊道在确定主题时便涉及这样的问题:是构建铁路建筑技术主题,还是构建云南人民的悲壮历史的教育主题?若以建筑为核心,可以确立一条以铁路沿线欧式建筑风格为基础的遗产廊道;若以民族历史为核心,则可以确立一条以云南近现代历史为主题的遗产廊道。遗产廊道的不同主题对应不同的构建目标,遗产廊道的构建目标一般包括遗产资源的保护与保存、历史文化的解说与教育、区域特色资源的游憩与游客体验、廊道整体经济发展等几个方面,根据构建目标合理设计具体的技术路线。中东铁路遗产廊道的空间格局构建,应在全域旅游视角下,充分结合自身发展目标,构建特色鲜明、可持续发展的遗产廊道主题。中东铁路在其形成、发展的漫长历史进程中,孕育了丰富的铁路工业及管理文化,以及沿线城镇工商业生产生活文化。铁路沿线留下了大量的历史文化遗存,这些都是中东铁路遗产廊道不可缺少的重要组成部分。经历了东清铁路时期、中东铁路和南满铁路时期、伪满铁路时期和中长铁路时期,历经百余年时间,中东铁路在完成一系列演变的同时,其蕴含的深厚的历史文化内涵成为今天宝贵的财富。解说系统的构建还需要考虑相关解说服务设施的设计,需要建设游客服务中心、交通指示设施、公共服务设施、媒体解说设施等相关基础设施。

6.2.2 城镇遗产游憩网络路径构建方法

1. 城镇遗产游憩网络系统分析

游憩网络系统的构建是实现遗产廊道保护、利用和管理的重要手段,游憩网络系统的功能、形式多样,可以选择各种道路类型、交通方式和游览方式。遗产廊道的游憩网络系统是遗产廊道旅游框架内的交通和游览组织方式,它以旅游或居民休闲游憩为目的,联系着遗产廊道内的遗产和其他景观资源。遗产廊道内的游憩路径主要包括两种类型:一是历史性路径,可以是不再发挥原有运输功能的道路,如历史上的铁路、公路、游步道、运河等。二是连接廊道内同主题景观的各组成部分的现代交通线路。无论是哪种类型的路径,其构建目的都是便于人们到达并体验遗产廊道的相关资源。

对于中东铁路遗产廊道而言,中东铁路这一历史性路径是廊道构建的依托,同时也是廊道内交通联系的基础性道路。中东铁路遗产廊道绵延近2 500 km,按照区域范围划分,可将遗产游憩网络系统的交通路径分为3部分:一是联系区域内各城镇的城际交通。二是城镇内部连接各个遗产地段的城镇内部交通。三是遗产资源周边的游览交通。一般说来,城镇之间的交通方式复杂多样,包括铁路、公路、水路、航空等,人们往往根据出行距离、个人喜好等进行选择。中东铁路本身即遗产廊道的主要交通线路,中东铁路遗产廊道内各城镇之间的游憩路径选择铁路即可。遗产游憩网络路径构建的重点应该放在城镇内部及遗产资源周围的交通上,这两部分的交通与公众的关系最为密切。城镇内部交通联系着城镇外部与各遗产地段,直接关系到大众的体验效果。城市内部交通应以遗产组团间的快速交通结合遗产周围的慢行交通。遗产资源周边的游览路线可以参照景区游览路线进行组织,主要以慢行交通为主。

遗产廊道的空间格局与全域旅游关系密切。遗产廊道的旅游线路可设置一日、两日或多日游等多种形式。遗产廊道旅游一般有以下3种常见的网络形式:一是以廊道功能核心区为中心的环状串联网络,按游览路线把重要遗产资源成串或成环连接起来。二是以重要服务区为中心的放射状串联网络,将分散的遗产资源用放射状路径连接起来。三是根据遗产的功能和分布构建的自由式网络,其是按照遗产的主题分类,分别组织车行系统和步行系统而构建的网络,以打造整体遗产廊道游憩系统,供游客和居民选择自己喜爱的旅游线路进行游憩,自由式网络在遗产廊道和地形复杂的区域被应用得比较多。

2. 城镇遗产游憩网络路径构建的适宜性评价指标的确定

基于全域旅游视角和遗产游憩网络构建的原则,本书尝试将遗产资源融入城市游憩系统,为遗产资源在城市旅游发展中找到新的功能定位。首先,近年来城市游憩系统越来越青睐于低碳骑行和步行的慢行交通,但中东铁路遗产廊道所处的东北地区,很多城市骑行系统碎片化现象严重,而且在寒冷的冬季道路结冰也不适宜骑行,导致城市中以自行车为交通工具的人并不多。其次,从各城镇中东铁路相关遗产的空间分布来看,大部分遗产在铁路附近集中或组团式分布,间距较近,能够通过步行进行游憩。因此,城镇遗产游憩网络路径构建的适宜性评价指标,以人的步行休闲游憩为视角进行分析。

网络路径的优化要综合考虑遗产周边的自然和文化两方面的因素。自然方面,路径的选择要结合附近的绿地、公园或滨水空间等自然环境较优区域,让人们在遗产游憩的过程中能够体验城市的自然景观。文化方面,路径的选择应充分利用城镇现有的历史街道、历史街区及其他类型的文化遗产,让人们在游憩过程中体会城镇的历史文化底蕴。构建一个完善的游憩网络系统,需要考虑以下几点:一是考虑网络使用者的类型及其安全问题,安全、方便对游步道的形式和功能起着决定性作用。二是对游憩路径与现有自然景观进行整合,主要参考因素是道路距离、类型和坡度等。作为步行交通路线,游步道局部也可考虑自行车、观光车等游憩方式。三是游憩路径应尽可能同城镇内的其他基础设施共同建设,以减少建设和维护成本。本书从步行游憩角度,以道路距离、类型和坡度作为城镇遗产游憩网络路径适宜性评价的影响因子,对城镇内遗产间的潜在网络路径进行游憩综合阻力分析。

3. 城镇遗产游憩网络路径构建的适宜性评价指标分析

(1)道路距离的游憩阻力分析。

源点间的距离越远,网络路径构建的阻力也就越大。借鉴以往学者关于步行距离阈值问题的相关研究成果,首先将距离进行分层,依次为小于等于 200 m、201～500 m、501～1 000 m、1 001～1 500 m、大于 1 500 m,再对每层进行阻力系数赋值,最后采用 ArcGIS 软件中的缓冲区分析法,进行道路距离的游憩阻力分析。

(2)道路类型的游憩阻力分析。

潜在路径应该优先满足居民的休闲游憩需求,城市道路是游憩网络潜在路径构建的基础。道路类型与潜在路径的选择高度相关,要通过分析不同道路类型的步行游憩适宜性,了解不同道路类型的游憩阻力。历史街道本身就是重要的文化遗产资源,作为城市历史记忆的载体,历史街道的尺度一般都较适宜游憩,又串联多个遗产,所以游憩阻力最小。遗产游憩网络所在区域大多处于历史主城区的核心位置,道路类型一般包括铁路、城市快速路、城市主干道、城市次干道和城市支路。道路的车行速度越慢,机动车流量越小,越利于步行游憩,所以道路的游憩阻力也较大。铁路和快速路以交通运输为主要功能,不适宜开展步行游憩活动,阻力值较大。

(3)道路坡度的游憩阻力分析。

道路坡度不同对步行游憩的阻力也不同,因为城镇的游憩网络要考虑特殊人群的游憩,所以道路坡度也是网络路径构建的适宜性评价的影响因子之一。国际地理学会将坡度划分为7个等级:0°~1°为平路至微坡、2°~4°为缓坡、5°~14°为斜坡、15°~24°为陡坡、25°~34°为急坡、35°~54°为急陡坡、大于等于55°为垂直坡。其中,道路坡度为5°以下时,适宜任何人群行走;道路坡度为5°~14°时,坐轮椅的特殊人群和幼儿需要被辅助才能行走,对普通人行走影响较小;道路坡度为15°~24°时,对普通人行走的阻力较大;当道路坡度为25°及以上时,道路已不适宜普通人行走。由此,我们将游憩网络路径的坡度分为5级,依次是小于2°、2°~4°、5°~14°、15°~24°、大于等于25°。

综合以上对3个影响因子的分析,游憩阻力是人们从一个遗产步行到其邻近遗产时,经过不同道路距离、类型和坡度受到的阻力集合。路径的阻力分析首先要评价各影响因子的权重,同4.2.2节的区段旅游发展评价指标权重一起进行问卷调查,将各影响因子对道路游憩阻力的重要程度进行两两比较,整合各组比较结果,求得影响因子间相互重要程度的平均数,将评价结果数据导入Python软件进行运算,得出各影响因子的阻力权重,其通过一致性检验$CR=0.003\ 2<0.1$,且一致性在可接受范围(表6.2)。

表6.2 道路游憩阻力影响因子权重评价表

影响因子	道路距离	道路类型	道路坡度	权重
道路距离	1	2	5	0.581 6≈0.6
道路类型	1/2	1	3	0.309 0≈0.3
道路坡度	1/5	1/3	1	0.109 5≈0.1

关于各影响因子阻力系数的赋值范围,本书综合分析相关研究的不同观点和结论,通过反复试验发现,当影响因子阻力系数赋值范围较大时,更有利于通过GIS进行潜在路径的适宜性分析,因此将各影响因子的阻力系数赋值范围设定为1~500,结合道路游憩阻力各影响因子的分级,同4.2.2节一起进行专家评价,参考评价结果进行阻力系数赋值,并计算各级影响因子的综合阻力值(表6.3)。

表6.3 道路游憩阻力影响因子赋值

影响因子	权重	因子分级	阻力系数	综合阻力值
道路距离	0.6	<200 m	5	3
		≥200<500 m	10	6
		≥500<1 000 m	50	30
		≥1 000<1 500 m	200	120
		≥1 500 m	400	240
道路类型	0.3	无路	500	150
		铁路、城市快速路	400	120
		城市主干道、城市次干道	30	9
		城市支路、居住区道路	10	3
		历史街道、历史街区	1	0.3
道路坡度	0.1	<2°	1	0.1
		≥2°<5°	5	0.5
		≥5°<15°	20	2
		≥15°<25°	80	8
		≥25°	200	20

6.2.3 城镇遗产游憩网络空间格局构建策略

中东铁路遗产廊道作为带状文化遗产区域，其特殊的文化交流与构成方式，形成了遗产廊道内城镇独特的景观特征，近年来逐渐受到相关专家、学者的重视。本书将中东铁路沿线城镇内与中东铁路的功能或历史相关，且由各国侨民直接建设的历史建构筑物，定义为中东铁路遗产。这些中东铁路遗产正是遗产廊道内很多城镇建设的源头，它们真实、具体地展现了所在城镇建筑发展的历史足迹，是城镇文脉的主要载体。然而，在城镇发展、更新的过程中，这些遗产的减少对廊道内城镇的文脉造成了严重破坏。

网络空间格局构建综合运用多方参与原则、虚实并建原则、网络系统层次化原则，以及网络与城镇发展相协调原则，构建的结果将促进城镇全域旅游发展，使得遗产在现代城镇中获得新的功能定位，城镇的文化景观特色将得以突显。以往对遗产网络空间的研究多集中在大区域尺度层面，对区域内部遗产点网络空间的构建研究较少。在城市迅速扩张、遗产资源破碎化的时代背景下，基于全域旅游视角的遗产网络空间格局构建具有深远的意义。中东铁路遗产廊道城镇遗产网络以游憩为利用方式,构建空间格局,网络以遗产和遗产间的游憩路径作为核心骨架,遗产作为源点,是网络的核心,网络构建的重点是重新协调源点之间的历史文化和功能联系,使原本在空间上相对孤立的、分散的遗产,以历史文化为纽带,在城镇遗产游憩网络系统中得以整合,从而强化城镇的历史文脉景观特色。基于多方参与原则,可将遗产廊道内的其他旅游资源作为网络的功能节点和缓冲节点,通过添加功能节点和缓冲节点,可以优化游憩网络的系统功能,实现网络的高效利用与城市文脉的保护相结合,使遗产游憩网络空间格局构建成为保护城市文脉、改善遗产空间破碎化的有效举措。

在全域旅游视角下,城镇遗产游憩网络的构建既要保护遗产资源,又要改善居民的生活环境,促进城镇旅游经济的发展。建筑景观遗产是城市的重要组成部分,不能把它简单地当成文物来保护。遗产廊道内城镇的遗产保护内容可以归纳为3个方面:保护遗产和城镇的历史地段;保护和延续城镇的历史空间格局和景观风貌特征;继承和发扬城镇的历史文化。针对中东铁路遗产廊道内城镇的发展现状,开发、利用是促进遗产可持续保护的有效方式,要分析保护与利用的矛盾,找到保护与利用的共同点,尽可能实现保护与利用的统一。

以游憩为目的的中东铁路遗产网络空间格局构建,要以城市文脉保护为出发点,对遗产资源进行筛选与分类;以 ArcGIS 为平台,运用最小累积阻力模型进行网络路径的游憩阻力分析;构建城镇遗产主题游憩路径,通过对多条路径进行整合,形成空间网络、设置功能节点、优化网络系统功能,将遗产资源融入城镇游憩系统,实现城市文脉游憩体验的完整性和连续性。城镇遗产游憩网络空间格局构建的技术路线如图6.2所示。

通过游憩网络可以整体认知城市的历史文化,了解城市文脉的传承,促进遗产的整体保护。根据网络系统层次化原则,当城镇内的遗产数量和网络空间范围较大,单纯的步行方式较难完成游憩时,可将遗产划分为若干主题类型,在同一主题遗产分布较密集的区域可设置步行区,以步行道路连接步行区内的各类遗产,以车行道路连接步行区和步行区外单独的一级和二级遗产资源,再通过主题线路的整合、优化,在合理的区域设置功能节点,添加景观缓冲节点,改善网络的连接度,提升网络的服务水平,完成城镇遗产游憩网络空间格局构建。网络空间格局构建以整合主题线路、优化路径和改善系统功能为主线,实现资源的合理配置和高效体验。图6.3为中东铁路遗产游憩网络空间模型。

第 6 章 中东铁路遗产廊道城镇遗产游憩网络空间格局构建

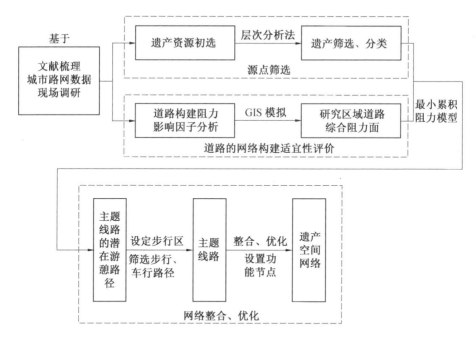

图 6.2 城镇遗产游憩网络空间格局构建的技术路线

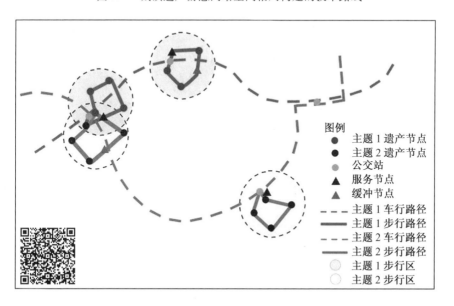

图 6.3 中东铁路遗产游憩网络空间模型

6.3 城镇遗产游憩网络空间格局构建实证

6.3.1 哈尔滨中东铁路遗产的特征

哈尔滨中东铁路建筑文化以俄国文化为主。哈尔滨的老城区基本由铁路附属地发展而来,1901 年的哈尔滨规划图中只有傅家店(今属道外区)供我国劳工居住,其不属于中东铁路附属地,其余街区均属于中东铁路附属地管辖范围,这也是今天的哈尔滨依然保留很多俄式建筑的原因。中东铁路时期的哈尔滨城市建设可以分为以下几个阶段。

中东铁路附属地建设时期(1898—1904 年):中东铁路于 1898 年开始动工修建,现如今的哈尔滨香坊区为早期驻地。在这一时期所修建的建筑主要是用作铁路办公。

城市开埠通商时期(1905—1919 年):哈尔滨由单一的铁路枢纽城市发展成为多元化的国际商埠,开始大规模城市建设,文艺复兴、巴洛克、折中主义和新艺术运动等多种艺术风格的建筑相继出现(图 6.4)。

(a) 文艺复兴建筑风格
(原俄国秋林商行道里分行,1914 年建)

(b) 巴洛克建筑风格
(原日本松浦洋行,1916 年建)

(c) 折中主义建筑风格
(原犹太人 A.π. 奥昆大楼,1917 年建)

(d) 新艺术运动建筑风格
(原俄籍犹太人亚历山大罗维奇卡斯普创建的马迭尔宾馆,1906 年建)

图 6.4 哈尔滨开埠通商时期的典型建筑风格

1920—1935年:1920年3月,中东铁路工人大罢工,中国军队接管路务。1921年2月,成立东省特区市政管理局,主要职责是统管原铁路附属地行政。1924年,中苏签订了《中苏解决悬案大纲协定》和《暂行管理中东路协定》,指出中东铁路为两国共同所有的纯商业铁路,由中苏合作经营、协商共管。1935年3月,中东铁路正式转让,中东铁路公司理事会解散,日本接管中东铁路及其所属企事业。

1936—1949年:廊道内城市建筑大多是日式建筑(图6.5)。

(a) 原"满洲中央银行"哈尔滨分行　　(b) 原新哈尔滨旅馆(今哈尔滨国际饭店)

图6.5　哈尔滨的日式建筑

6.3.2　网络节点筛选与主题分类

1. 中东铁路遗产资源调查

(1) 调查步骤。

哈尔滨中东铁路遗产资源判别是整体工作的第一个环节,由基础资料研究、遗产田野调查与类型划分3部分组成。认清"遗产有什么"以及"它们在哪里"是后续评估与保护工作开展的基础。

哈尔滨中东铁路遗产资源调查共分为5步。

第一步,建立平台。初步建立遗产数据库,具体包括:遗产现状、风格、所在位置、兴建时间和毁坏情况等相关文献资料的梳理;历史地图和现代地图汇整;历史地理信息和自然地理信息的梳理;利用GIS的数据叠合功能,初步建立遗产数据库。

第二步,田野调查。进行田野调查的主要目的是判别遗产,即找到历史信息和现实信息的异同,为后续研究提供所需要的信息。

第三步,信息检查。将田野调查的结果与数据库中的历史信息进行佐证确认,核查确认遗产信息。

第四步,进行遗产登录。

第五步,类型划分。根据遗产的历史文献信息和田野调查信息,按照其历史功能对遗产进行分类,再根据哈尔滨拥有的中东铁路遗产资源的功能类型,进行遗产资源的主题梳理。

(2)调查范围。

遗产是发展全域旅游的核心要素,哈尔滨中东铁路遗产调研的目的是明确研究区域内的遗产数量、质量、特征及分布,为后续的遗产筛选、分类研究做好基础工作。哈尔滨拥有大量的中东铁路相关遗产,在调查空间范围上,包括哈尔滨城区;在调查时间范围上,从中东铁路建设伊始(1898年)至中东铁路回归(1952年)。

(3)调查内容。

中东铁路相关遗产调查的对象包括:与铁路运营相关的工业遗产,如站舍、机车库、工区、桥梁、隧道等;与铁路管理相关的遗产,如铁路局、警署和学校等办公场所;与铁路职工生活相关的遗产,如职工住宅、教堂、商场等;此外还有与中东铁路相关的工业厂房、设备等。在进行遗产资源筛选时,主要是依据资源的价值,因此在实地调研时需要明确所调研资源的历史价值、科学价值、艺术价值及经济价值。本书参照《旅游资源分类、调查与评价》(GB/T 18972—2017)、工业遗产价值评价体系及中国工业建筑遗产调查表,对遗产进行调查。

(4)调查过程。

利用公共交通结合步行的方式对哈尔滨中东铁路遗产进行分区排查,通过收集文献资料、下载卫星地图、实地调研、GPS定位、使用者访谈、调查表填写和编号拍照这7项内容,对哈尔滨中东铁路相关遗产进行了资源排查登录工作。

2. 遗产的登录与分布

本书以哈尔滨中东铁路相关遗产为例,探讨城市内部遗产网络空间格局构建的方法。调研共登录178个遗产点。遗产点的空间分布定位以GPS实测数据为主,在此基础上用Google Earth进行补充和校对,采用ArcGIS绘制遗产点的空间分布图。以每个遗产资源为中心,以2 000 m为半径,画出缓冲区(行人步行游憩时可接受的最大距离的阈值为1 500 m),再结合现有的道路最终划定研究范围。

哈尔滨是一座因中东铁路修建而形成并繁荣的城市,现存遗产主要分布于铁路附近,其中大部分的遗产资源分布相对集中。从统计结果来看,遗产资源的历史功能、对铁路的依赖性、与铁路的相关性能都直接反映在与铁路的距离上。约91.6%的遗产资源分布在距离铁路1 500 m的范围内,其中,5.1%的遗产资源位于距铁路0~49 m的范围内,主要是火车站及其配套服务建筑,包括站房、仓库、工区、机车库、水塔、站台、桥梁、涵洞、隧道等铁路工业遗产;约27.5%的遗产资源分布在距铁路50~499 m的范围内,主要是支持铁路修建的工厂、支持铁路运营的管理机构;其他与铁路无直接关联的管理机构和民用、商业遗产资源分布在 500~1 500 m 范围内(图 6.6)。

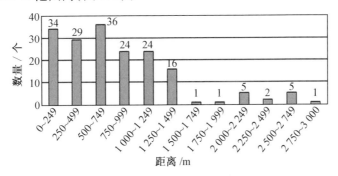

图 6.6 遗产资源与铁路的距离

根据前文表 6.1,对入选的哈尔滨中东铁路相关遗产资源逐一进行价值评价,最终筛选出一级源点 15 个、二级源点 31 个、三级源点 26 个。遗产的等级将成为网络构建的一个重要考虑因素,例如,一级遗产数量较多,应对其进行重点保护与利用。

3. 遗产的主题分类

中东铁路遗产廊道囊括的遗产资源形式多样,应在确定整个中东铁路遗产廊道范围的基础上,针对其独特的历史背景、文化底蕴与遗产资源类型确定特色鲜明的遗产主题。遗产的主题应满足以下 3 点:体现遗产廊道的核心特征、对应遗产廊道的规划目标、呈现遗产廊道的文化内涵与历史特色。遗产的主题要充分体现这一区域内遗产资源最核心的特征,并反映出该地区文化和遗产的综合价值,还要兼顾其整合之后的解说、娱乐、教育等多个项目的可行性,以及大众的认可度和接受度。

哈尔滨位于中东铁路的枢纽位置,同时具有中东铁路的管理中心、工商业产品中转与集散地两个功能。本书将哈尔滨中东铁路相关遗产按照历史功能划分为 6 类,分别是中东铁路功能相关遗产、中东铁路相关行政办公遗产、铁路职工住宅、中东铁路相关工业遗产、中东铁路相关商业遗产、工商业名人故居。在此基础之上将遗产类型按照政治、经济两个方面的意图进行分类,梳理出两个遗产主题,分别是中东铁路运营管理主题、工商业生产生活主题,两个遗产主题能够完整体现中东铁路遗产的历史功能特色(表 6.4),并根据每一个主题的遗产资源的现状进行分类整理。

表6.4 哈尔滨中东铁路各遗产主题分类

遗产主题	遗产类型	代表遗产
中东铁路运营管理主题	中东铁路功能相关遗产	滨洲铁路桥桥头岗楼、香坊火车站及其水塔
	中东铁路相关行政办公遗产	中东铁路督办公署、中东铁路管理局办公楼
	铁路职工住宅	霍尔瓦特将军府、中东铁路公司董事长马忠骏公馆
工商业生产生活主题	中东铁路相关工业遗产	哈尔滨卷烟厂库房、哈尔滨铁路局印刷厂仓库
	中东铁路相关商业遗产	秋林公司、莫斯科商场
	工商业名人故居	契斯恰阔夫茶庄兼住宅、俄国大木材商格瓦里斯基住宅

6.3.3 网络路径构建的适宜性分析

1. 道路的步行游憩阻力分析

(1) 道路距离的阻力分析。

道路距离的阻力分析采用 ArcGIS 软件中的缓冲区分析法,以各遗产资源为源点、以行人的步行距离为半径划定缓冲区,参考现有关于步行距离阈值的研究成果,将道路距离分为 5 个层次。

(2) 道路类型的阻力分析。

根据哈尔滨的交通路网数据,本书对研究范围内的道路进行类型划分,共分为 5 个等级,其阻力值(游人步行游憩时遇到的阻力)由低到高依次为:历史街道、历史街区;城市支路、居住区道路;城市主干道、城市次干道;铁路、城市快速路;无路。在现今哈尔滨已被列为历史文化保护街区的 13 处街区中,属于哈尔滨中东铁路遗产景观范畴的有 2 处,包括中央大街历史文化街区和花园街历史文化街区。

(3) 道路坡度的阻力分析。

通过对研究范围内的道路坡度的分析结果可以看出,本书研究范围内的地形坡度大部分小于 15°,遗产集中区域周边地势较平坦。坡度相对较大的道路分布在果戈里大街、花园街周围;松花江滨江绿地空间一带因处于水陆分界处其坡度也相对较大。

(4)网络路径综合阻力面分析。

在 ArcGIS 软件的支持下,通过对不同阻力因子的评价结果的加权叠加分析,得出遗产游憩网络路径综合阻力面。道路颜色越深,表示阻力越小,道路颜色越浅,表示阻力越大。

2. 各主题线路的最小阻力路径分析

本书基于最小累积阻力模型进行网络路径构建的适宜性评价,模拟公众以步行方式从一个遗产点出发,沿城镇现有道路去邻近的遗产点,在遗产游憩过程中,因道路坡度、类型和距离的影响而受到的游憩阻力。阻力越大,游憩的适宜性越弱,则该条路径越不适宜进行步行游憩活动;相反,阻力越小,游憩适宜性越强。对这一过程的模拟可以应用 ArcGIS 中的 cost-distance 命令来完成。按照遗产的功能主题构建不同的主题线路。首先选择一个遗产点为源,应用 ArcGIS 中的成本距离分析工具,得出累积成本数据。其次应用 ArcGIS 中的成本路径分析工具,分析该遗产点与邻近遗产点之间的最小累积阻力路径。最后选取不同源点将这一模拟过程重复多次,可模拟出主题源点之间的最小阻力路径,并分为3个等级。第一等级表示该条路径的连通性一般,即不适宜进行步行游憩;第二等级表示该条路径的连通性较好,但在步行游憩时有一定阻力;第三等级表示该条路径的连通性很好,从路径阻力角度来看非常适宜进行步行游憩。

哈尔滨中东铁路遗产数量众多,这些遗产是哈尔滨重要的旅游资源,对其有效地保护与利用将会大大推进哈尔滨全域旅游发展的进程。本书通过主题梳理为哈尔滨中东铁路遗产建立解说系统,使遗产的复杂系统条理化,有助于居民和游客对其认知,然后针对各主题遗产建立合理的游憩路径,从而更好地展现遗产文化和城镇景观特色。本书应用最小累积阻力模型进行定量分析,得出哈尔滨两个主题遗产间的最小阻力网络路径,作为下一步主题路径选择的参考依据,但对网络路径的考虑只是基于道路本身,还缺乏对道路环境、街道尺度、道路周围其他旅游资源的考虑,所以在建构网络的过程中还要通过现场调研、亲身体验,在全域旅游视角下对网络路径进行系统优化。

6.3.4 哈尔滨遗产游憩网络空间格局构建

1. 各主题线路的初步构建

在生态网络的构建中两个斑块之间的廊道越多,则其连通性越好,生态能量流动的功能越强。但发展全域旅游不能对城镇内的道路都按照统一标准进行网络路径构建,还要考虑网络建设的经济成本和公众休闲游憩的基本需求,需要对已计算出的各主题线路的最小阻力路径进行筛选,保留较为适宜游憩的道路作为预选的网络路径。筛选时要遵循以下两点原则：一是选择阻力较小的游憩路径；二是避免重复往返的游憩路径。

人们在进行网络游憩时，如果步行距离过长，会感到疲惫和无趣。同济大学的王宁和杜豫川在2015年发表的《社区居民适宜步行距离阈值研究》一文中，通过对可接受步行时间的调查统计，得出1 500 m为极限的步行距离阈值的结论；当步行累计使用率为10%时，对应的步行距离为787 m，因此将787 m确定为适宜步行的距离阈值。结合这一研究成果，并考虑到网络游憩的过程是多条路径连续行走，因此在控制点与点之间的步行距离的同时，还要考虑每个步行区总的游憩距离。本书以直径为1 500 m的圆形区域作为一个步行区，步行区的设定原则主要考虑遗产资源数量、质量，以及道路类型与周围的环境，将步行区和重要单个节点用车行路径来连接。例如，对于一个一级节点，即使其构建阻力较大，也要通过增加缓冲节点或利用车行连接的方式为其构建游憩路径；出于对网络游憩效率和游客心理的考虑，若某个遗产资源在本主题的所有步行区之外，且该节点为三级节点，则在本阶段的网络构建中放弃该节点。车行线路主要选择城市主干道、次干道及快速路来连接各个步行区域，同时尽量避免重复的线路。

2. 网络的整合与优化

网络的各个主题线路和网络整体可以互相促进和优化，实现网络系统的不断完善。下面对初步优化的3条主题线路叠加整合，进行网络的构建。

（1）步行区调整。

首先，为了减少服务节点和车站，尽可能将步行区与相邻主题步行区在空间上进行交叉，两个步行区可以共用一个服务节点和车站。其次，根据全域旅游视角下遗产廊道空间格局构建的强化资源特色的原则，哈尔滨有两处中东铁路相关文化遗产街区、一座滨洲铁路桥，共3处线性景观遗产，它们既是遗产资源，又可作为网络步行路径，也是网络中极其重要的游憩资源，所以在设置各主题步行区时要覆盖这些线性遗产资源。通过对步行空间进行优化，减少步行距离，以提高游客的游览效率，同时也易于区域内景观风貌的控制。

（2）去除整合后冗余的车行线路。

叠加整合前文初步构建的3条主题路径，在此基础之上调整车行线路，使其连接更多步行区，以增加共用路径的数量。去掉平行的线路，从而提高网络中每条道路的利用率。通过优化车行线路，使两个主题之间有尽可能多的共同路径，以减少站点的设置、方便游客换乘、集中资源建设车行线路沿线的景观。

（3）设置服务节点和公交车站。

根据全域旅游视角下遗产廊道空间格局构建的旅游服务全民的原则，服务节点的设置主要是完善步行组团区域的功能，要保证每一个步行区内都有一个服务节点,尽可能地通过不同主题步行区的空间交叉来共用一个服务节点。要保证每个步行区内都有主题游览公交站点,在主题线路交叉的节点需设置不同的主题游览换乘车站。设置服务节点时,其要邻近公交站点或是设置在步行区内位置相对处于中心的步行路径上,以便为游客和居民提供便利服务。服务节点需具备休息、停车、导引、发放纸质文化宣传材料、卫生间等功能。在遗产资源集中的区域要设置集收藏、展示、休闲、研究等功能于一体的博物馆式大型服务节点,实现历史遗存的静态展示,并结合以数字化复原为基础的动态展示。

(4)整合步行区内的资源。

基于全域旅游的全面体验视角,网络中的每条主题线路都反映了哈尔滨中东铁路某种类型遗产的景观特色。通过叠加整合3条主题路径,整体传达了哈尔滨的历史文脉和中东铁路文化遗产的特征。在优化一个主题步行区时,通过整合步行区内其他两个主题的一、二级节点,对步行区内的路径再次进行优化,使游客在对一条主题路径进行游览时,可从整体认知角度对哈尔滨中东铁路的历史文化进行全面体验。

(5)优化步行环境。

遗产游憩网络作为哈尔滨全域旅游的核心推动要素,要基于全域旅游的全要素视角,将区域内的其他旅游资源优化进游憩网络系统,利用整体资源系统共同促进哈尔滨游憩网络品质的提升,步行路径要途经相邻的历史文化街区、景点、景区、公共绿地及滨水空间。历史文化街区、景点、景区相比于其他城市道路更适合步行游憩,并且其独特的文化内涵也会为游客带来更好的游憩体验;公共绿地及滨水空间的自然生态环境较好,利用这些资源来连接网络源点,能使遗产游憩网络的步行空间更为舒适、吸引力更强。

(6)增加景观缓冲节点。

结合研究对象的范围及相关学者的步行阈值研究成果可知,当一个步行区内相邻两个节点之间的距离大于750 m时,需增设景观缓冲节点,作为游客长时间行走后的休憩场所,进而提升路径的空间连接度,以减少遗产游憩的步行阻力。景观缓冲节点要符合该条主题路径的特色,可以选择城市街头公园的形式,营造彰显历史文化景观特色的公共空间环境,以加强主题线路的景观特色的可识别性。

通过遗产游憩网络空间格局构建将原本个体价值较大的资源纳入遗产游憩网络系统之中,发挥遗产资源的整体价值,实现遗产资源的有效保护与利用,解决哈尔滨历史空间破碎化和景观特色逐渐弱化的问题,实现对城市历史文脉的保护。

结　语

针对全域旅游视角下中东铁路遗产廊道空间格局构建，本书通过遗产廊道系统分析与构建目标确定、遗产廊道的历史与现状分析、遗产廊道竞合发展格局构建、遗产廊道区段旅游点轴空间格局构建、遗产廊道城镇遗产游憩网络空间格局构建5个步骤完成整体研究，层次清晰、逻辑严密。中东铁路遗产廊道全域旅游格局强调廊道内部的合作与竞争、廊道与周边资源的整合，通过系统的空间格局的构建实现廊道内各文化要素、自然要素和基础设施的有机结合，发挥系统的功能和价值。构建目的是使遗产得到可持续保护与利用，避免区域发展过程中的无序竞争导致资源浪费，提早实现中东铁路遗产廊道的全域旅游，促进东北老工业基地的全面振兴。

本书在研究过程中主要获得以下研究成果：首先，建立了中东铁路遗产廊道空间格局系统分层评价体系。结合每个空间层次的发展需求和规划目标，考虑各个层次内部和上、下层次之间的影响和联系，分别提出各层次空间格局构建的评价指标体系，为格局构建提供合理的技术路线和精确的定量数据，确保构建结果科学可信。其次，构建了遗产廊道竞合发展格局。通过对中东铁路遗产廊道各区段旅游发展价值进行评价，得到各区段的要素层得分，再通过比较各区段的要素层得分，了解各区段的比较优势，构建科学的遗产廊道竞合发展格局。再次，构建了区段旅游点轴空间格局。在全域旅游视角下，通过梳理城镇的发展脉络，分析遗产廊道内各城镇的旅游发展潜力，对城镇类型和发展潜力的等级进行划分，找出城镇旅游发展的特色和问题，定位城镇所处的发展阶段，明确区段内各城镇的发展方向和次序，以指导区段旅游点轴空间格局的构建。最后，构建了城镇遗产游憩网络。先按照历史功能和遗产价值对资源进行主题分类、筛选，然后进行主题路径分析，再将各个主题进行整合，完成城镇遗产游憩网络空间格局构建。

本书通过中东铁路沿线自然和文化资源要素的调查分析、廊道空间结构的系统分析、空间格局评价体系的建立，分层次构建了中东铁路遗产廊道空间格局，具体创新点包括以下3点。

一是提出了全域旅游视角下中东铁路遗产廊道空间格局构建的理论框架。本书研究发现遗产廊道和全域旅游在区域发展层面具有一致的目标指向，因此将两种理论进行整合，分析了遗产廊道与全域旅游的系统耦合关系，为遗产廊道的发展提供了清晰的理念，丰富了遗产廊道的要素构成，使得遗产廊道的构建更

结　语

加具体可行,扩展了全域旅游的空间研究尺度和对象类型。

二是构建了全域旅游视角下中东铁路遗产廊道竞合发展格局。以往遗产廊道的研究层次大多为遗产廊道、城市、街区、遗产,也有一部分研究选择遗产廊道的一段作为研究对象,本书则在遗产廊道和城市之间增加了一个区段层次,对遗产廊道这个复杂的巨系统进一步解构,并以竞合理论为基础,进行区段旅游发展评价,构建遗产廊道各区段的竞合发展格局,使得遗产廊道在合理的竞争与合作的环境下更具发展活力。

三是提出了中东铁路遗产廊道区段旅游点轴空间和城镇遗产游憩网络空间格局构建的方法。运用定量分析方法,以旅游资源数量、旅游资源类型丰富度、旅游资源平均品质、旅游资源空间聚集度、旅游节点城镇区位及旅游节点城镇通达性6个影响因子综合分析了城镇遗产旅游的发展潜力,构建了区段各城镇的点轴空间格局;以ArcGIS软件为工具,运用最小累积阻力模型,结合城市遗产游憩需求调查,构建城镇遗产游憩网络空间格局。

本书在全域旅游视角下对中东铁路遗产廊道系统进行了分层次的空间格局构建,对其发展模式进行了探讨,阐述了遗产廊道3个层次之间的作用机理,并提出了相应的旅游发展策略和建议。由于时间的限制,本书的研究成果仍有进一步完善的空间。在区段旅游发展评价和城镇旅游发展潜力评价两个指标体系中,本书主要考虑了旅游资源条件、社会条件和发展潜力3个方面的影响因素,对政策、经济等影响因素的考虑较少,而要全面体现遗产廊道旅游发展与相关影响因素的互动关系,使之更精确地反映现实状况,还有待进一步研究和探索。在未来的研究中我们将进一步扩展政策、经济等影响因素的相关研究,基于中东铁路遗产廊道的历史文化价值,结合东北老工业基地的全面振兴,进一步强化区域经济与中东铁路遗产廊道发展的相互促进作用。本书提出的构建方法可应用于其他遗产廊道、文化线路和遗产区域的空间格局构建,各个层次的技术路线也可应用于相应尺度的空间格局研究。

附录1 中东铁路遗产廊道车站统计表

附表1.1 哈尔滨至满洲里段车站列表

火车站	原等级	现等级	曾用名	站址	建站时间/年
满洲里	二等站	一等站	满洲站	满洲里市	1898
胪滨	会让站	五等站	阿伯盖站	泸滨村	1898
东壕	会让站	五等站	—	东壕村	1898
扎赉诺尔西	会让站	二等站	前哨火车站	扎赉诺尔区	1898
扎赉诺尔	五等站	二等站	—	东湖区新开河镇	1900
湖北	会让站	五等站	穆特纳衣站	新巴尔虎左旗湖北村	1901
嵯岗	五等站	四等站	扎岗站	嵯岗镇	1901
皇德	会让站	五等站	—	新巴尔虎左旗皇德村	1901
赫尔洪得	四等站	四等站	—	赫尔洪得苏木	1901
都伦	会让站	五等站	—	陈巴尔虎旗都伦村	1901
完工	五等站	四等站	望工站	陈巴尔虎旗呼和诺尔镇	1899
乌固诺尔	五等站	四等站	—	陈巴尔虎旗乌固诺尔村	1901
大良	会让站	五等站	齐李克农站	陈巴尔虎旗大良村	1901
安邑	会让站	五等站	古拉郭夫斯基站	海拉尔区安邑村	1901
海拉尔	二等站	一等站	—	海拉尔区铁工区	1901
海拉尔东	会让站	四等站	雷诺佛斯基站	海拉尔区建设镇区	1901
哈克	五等站	四等站	哈根站	海拉尔区哈克镇	1901
扎泥河	会让站	五等站	毛克赉站	海拉尔区	1901
扎罗木得	五等站	四等站	—	海拉尔区扎罗木得村	1901
大雁	会让站	四等站	索契纳衣站	大雁镇	1901
海满站	会让站	三等站	尼吉那站	牙克石市海满村	1901
牙克石	五等站	三等站	祖尔普斯基站	牙克石市	1901
卓山	会让站	四等站	扎通沟站	牙克石市卓山村	1901
小北	会让站	四等站	那得里奇纳衣站	牙克石市小北村	1901

续附表1.1

火车站	原等级	现等级	曾用名	站址	建站时间/年
免渡河	五等站	三等站	西都河站	免渡河镇	1901
北头河	会让站	五等站	克列沃衣站	牙克石市北头河村	1901
乌川	会让站	五等站	祖尔普斯基站	牙克石市乌川村	1902
乌奴耳	五等站	四等站	—	乌奴耳镇	1901
哈拉沟	会让站	五等站	霍尔果站	牙克石市哈拉沟村	1901
西岭口	会让站	五等站		牙克石市西岭口村	1901
伊列克得	四等站	四等站	小岭子站	牙克石市伊列克得村	1901
兴安岭	五等站	四等站	兴安站	牙克石市兴安岭村	1901
新南沟(废弃)	会让站	—	毕集良站	博克图镇新南沟	1901
博克图	二等站	三等站	—	博克图镇	1901
沟口	会让站	四等站	郭力高尔站	牙克石市沟口村	1901
旗山	会让站	五等站		牙克石市旗山村	1901
雅鲁	五等站	四等站		牙克石市雅鲁村	1901
紫沟	会让站	五等站		牙克石市紫沟村	1901
喇嘛山	会让站	四等站		牙克石市喇嘛山村	1901
巴林	五等站	四等站		巴林镇	1901
南木	会让站	四等站	阿勃纽尔站	鄂伦春民族乡	1901
哈拉苏	五等站	四等站	斗烍子站	哈拉苏镇	1902
三道桥(已拆)	会让站	—	阿米河站	扎兰屯市三道河村	1901
卧牛河	会让站	四等站	谢苗诺夫斯基站	卧牛河镇	1901
扎兰屯	三等站	二等站		扎兰屯市站前街	1901
高台子	会让站	四等站	萨拉站	高台子镇高台子村	1903
成吉思汗	五等站	四等站		成吉思汗镇	1901
碾子山	五等站	三等站		齐哈尔市碾子山区	1901
龙江	五等站	三等站	土尔奇哈站、朱家坎站、都尔奇哈站、土耳其哈站	龙江县城关镇	1900
白山乡	会让站	四等站	盖尔绍瓦站	龙江县白山乡	1900
黑岗	会让站	四等站	黑地房子站	龙江县黑岗乡	1900

续附表1.1

火车站	原等级	现等级	曾用名	站址	建站时间/年
虎尔虎拉	五等站	五等站	腰库勒站、呼尔呼拉站、库勒呼拉站	齐齐哈尔市虎尔虎拉村	1900
富拉尔基	会让站	一等站	福来尔基站	齐齐哈尔市富拉尔基区	1902
昂昂溪	二等站	三等站	齐齐哈尔站、西屯站、老齐齐哈尔站	齐齐哈尔市昂昂溪区	1900
榆树屯	—	三等站	—	昂昂溪区榆树屯乡	1928
烟筒屯	会让站	四等站	烟土屯站、大蒿子站	杜尔伯特蒙古族自治县烟筒屯镇	1900
泰康	五等站	二等站	小蒿子站	杜尔伯特蒙古族自治县泰康镇	1900
喇嘛甸	五等站	四等站	喇嘛甸子站	让胡路区喇嘛甸镇	1900
大庆	五等站	一等站	萨尔图站	萨尔图区	1902
安达	三等站	二等站	—	安达镇	1902
羊草	会让站	四等站	谢诺依站	羊草镇	1900
宋	五等站	四等站	—	宋站镇	1900
五里木	会让站	四等站	—	五里木村	1900
尚家	会让站	四等站	郭尔洛司站	尚家镇	1900
肇东	五等站	二等站	满沟站	肇东市	1901
姜家	会让站	四等站	鲁赤果站	姜家镇	1900
里木店	会让站	四等站	四方站	四方镇	1900
对青山	四等站	四等站	—	松北区对青山镇	1900
万乐	会让站	四等站	陶楚站	呼兰区万乐村	1899
庙台子	会让站	四等站		松北区	1899
呼兰（已拆除）	会让站	—		呼兰区呼兰镇	1901
松北(已拆除)	会让站	—	石当站、船坞站	松北区	1899
哈尔滨站（已拆除）	一等站	特等站	秦家岗站	南岗区铁路街1号	1899

附录1 中东铁路遗产廊道车站统计表

附表1.2 哈尔滨至绥芬河段车站列表

火车站	原等级	现等级	曾用名	站址	建站时间/年
哈尔滨站（已拆除）	一等站	特等站	秦家岗站	南岗区铁路街1号	1899
王兆屯站	四等站	四等站	木柴厂站	哈尔滨市王兆屯	1899
香坊站	二等站	一等站	—	哈尔滨市香坊区	1898
路北站	—	—	—	哈尔滨市香坊区	1898
新香坊站	二等站	二等站	—	哈尔滨市香坊区哈成路340号	1937
成高子站	四等站	四等站	—	哈尔滨市成高子镇	1899
舍利屯站	四等站	四等站	程站	哈尔滨市阿城区舍利屯	1899
阿城站	三等站	三等站	阿什河站	哈尔滨市阿城区	1899
亚沟站	四等站	四等站	太亚沟站	哈尔滨市阿城区亚沟镇	1899
玉泉站	三等站	二等站	二层甸子站	哈尔滨市阿城区玉泉镇玉泉街道	1899
白帽子站（已取消）	四等站	—	—	—	—
白岭站（已取消）	四等站	—	—	—	—
小岭站	四等站	四等站	—	哈尔滨市阿城区小岭镇	1899
平山站	三等站	三等站	二道河子站	哈尔滨市阿城区平山镇	1899

161

续附表1.2

火车站	原等级	现等级	曾用名	站址	建站时间/年
帽儿山站	四等站	四等站	—	哈尔滨市尚志市帽儿山镇	1899
蜜蜂站	四等站	四等站	蜜蜂山站	哈尔滨市尚志市蜜蜂乡	1899
小九站	四等站	四等站	红胡子站	哈尔滨市尚志市小九村	1899
乌吉密站	四等站	四等站	—	哈尔滨市尚志市乌吉密乡	1899
尚志站	三等站	三等站	珠河站	哈尔滨市尚志市	1899
马延站	四等站	四等站	亚库尼站	哈尔滨市尚志市马延乡	1899
一面坡站	二等站	二等站	—	哈尔滨市尚志市一面坡镇	1899
九江泡站（已废弃）	会让站	四等站	鲁卡邵窝站	哈尔滨市尚志市九江村	1899
万山站	四等站	四等站	萨莫哈瓦洛夫站	哈尔滨市尚志市万山乡	1899
苇河站	五等站	三等站	苇沙河站	哈尔滨市尚志市苇河镇	1899
青云站	四等站	四等站	喀赞才窝站	哈尔滨市尚志市青云村	1899
亚布力站	三等站	三等站	亚布洛尼站	哈尔滨市尚志市亚布力镇	1899
石头河子站	三等站	已撤销	亮子岭	哈尔滨市尚志市亚布力镇石头河子乡	1901

续附表1.2

火车站	原等级	现等级	曾用名	站址	建站时间/年
冷山站（已废弃）	会让站	四等站	里道河子、六道河子站	哈尔滨市尚志市亚布力镇冷山村	1900
洗马站	会让站	已拆除	—	哈尔滨市尚志市洗马村	1900
高岭子站	五等站	四等站	—	哈尔滨市尚志市高岭子屯	1900
分岭河站	会让站	已拆除	—	哈尔滨市尚志市高岭子屯	1900
鱼池站	四等站	五等站	—	哈尔滨市尚志市鱼池朝鲜族乡鱼池村	1942
开道站	四等站	五等站	—	尚志市开道村	1941
虎峰站	四等站	—	—	尚志市虎峰村	1900
杜草站	四等站	—	—	尚志市杜草村	1900
治山站	四等站	四等站	萨拉河子站	海林市治山村	1900
横道河子站	二等站	三等站	—	海林市横道河子镇	1901
道林站	四等站	四等站	三道窝集站	海林市道林村	1901
青岭子站	四等站	四等站	长岭子站	海林市青岭子村	1901
山市站	四等站	四等站	山石站	海林市山市镇	1901

续附表1.2

火车站	原等级	现等级	曾用名	站址	建站时间/年
奇峰站	四等站	四等站	石河站	海林市奇峰村	1901
敖头站	四等站	四等站	柏山站	海林市石河乡	1937
海林站	三等站	三等站	—	海林市海林镇	1901
拉古站	四等站	四等站	—	海林市海南朝鲜族乡	1937
黄花站	—	五等站	—	牡丹江市	1942
牡丹江站	五等站	特等站	宁北站	牡丹江市西安区	1901
爱河站	四等站	四等站	乜河站	牡丹江市阳明区铁岭镇	1901
磨刀石站	四等站	五等站	—	穆棱市磨刀石镇	1901
山底站	会让站	五等站	—	穆棱市磨刀石镇山底村	1901
大观岭站	会让站	五等站	山顶站	穆棱市大观岭村	1901
山洞站	会让站	五等站	—	穆棱市境内	1901
代马沟	四等站	四等站	抬马沟站	穆棱市代马沟村	1901
北林站	四等站	四等站	北林河站	穆棱市北林村	1901
穆棱站	三等站	三等站	—	穆棱市穆棱镇	1899

续附表1.2

火车站	原等级	现等级	曾用名	站址	建站时间/年
伊林站	四等站	四等站	依林站	穆棱市兴源镇	1900
下城子站	会让站	四等站	小城子站	穆棱市下城子镇	1900
马桥河	五等站	四等站	马桥河子站、马沟河站	穆棱市马桥河镇	1900
红房子站	五等站	五等站	虎力密河站	穆棱市红房子村	1900
太岭站	会让站	四等站	太平岭站	东宁县太岭村	1988
细鳞河站	四等站	四等站	七站	东宁县细鳞河乡	1901
绥西站	四等站	四等站	三岔沟站	东宁县绥西村	1899
河西站	—	—	—	—	1899
绥阳站	三等站	四等站	六站、小绥芬站	东宁县绥阳镇	1899
红花岭站	会让站	—	—	绥芬河市红花岭村	1898
宽沟站	四等站	四等站	八道河子站	绥芬河市宽沟村	1898
绥芬河站	二等站	一等站	五站	绥芬河市绥芬河镇	1898

附录2 中东铁路遗产廊道资源登记表

附表2.1 中东铁路遗产廊道资源登记表

名　称	（城镇+功能+名称）		编号	（遗产编号+GPS编号）	
地址及位置					
GPS坐标	纬度		经度		海拔高程
	°　　′　　″		°　　′　　″		m
	测点说明	指测点与遗产的位置关系（一些测点无法靠近遗产）			
级　别	○全国重点文物保护单位　　○省级文物保护单位 ○地（市）级文物保护单位　　○县（市）级文物保护单位　　○未定				
建筑风格		结构		层数	
建造年代	□1898—1931年　　□1932—1945年　　□1946年至今　　□不详				
类别	近现代重要史迹及代表性建筑	○重要历史事件和重要机构旧址 ○重要历史事件及人物活动纪念地 ○俄官员旧居　　○俄式普通住宅 ○办公建筑　　○铁路附属建筑 ○工业建筑及附属物　　○金融商贸建筑　　○中华老字号 ○水利设施及附属物　　○文化教育建筑及附属物 ○医疗卫生建筑　　○军事建筑及设施　　○日式住宅 ○交通道路设施　　○其他近现代重要史迹及代表性建筑			
	其他				

续附表 2.1

名　　称		（城镇+功能+名称）		编号	（遗产编号+GPS 编号）
所有权		○国家所有　　○集体所有　　○私人所有　　○其他			
使用情况	使用单位（人）			隶属	
	用途	□办公场所　　□开放参观　　□军事设施　　□工农业生产 □商业用途　　□居住场所　　□教育场所　　□无人使用　　□其他用途			
保存状况	保存现状	○好　　　○较好　　　○一般　　　○较差　　　○差			
	现状描述				
损毁原因	自然因素	□地震　□水灾　□火灾　□生物破坏　□污染　□雷电 □风灾　□泥石流　□冰雹　□腐蚀　□沙漠化 □其他自然因素			
	人为因素	□战争动乱　　□生产生活活动　　□盗掘、盗窃 □不合理利用　　□违规发掘、修缮　　□年久失修 □政府工程　　□其他人为因素			
	损毁原因描述				
环境状况	自然环境				
	人文环境				
	使用者评价				
照片编号			照片文件夹编号		
摄影者			拍摄时间		拍摄方位
照片说明					
备注					

参考文献

[1] 王玓. 北京河道遗产廊道构建研究[D]. 北京：北京林业大学，2012.

[2] 姚准. 景观空间演变的文化解释[D]. 南京：东南大学，2006.

[3] CHRISTALLER W. Some considerations of tourism location in Europe：the peripheral regions-underdeveloped countries-recreation areas[J]. Regional Science Association，1964，12(1)：95-105.

[4] HAAHTI A J. Finland's competitive position as a destination[J]. Annals of Tourism Research，1986，13(1)：11-35.

[5] SMITH S. Tourism analysis：a handbook[M]. Harlow：Longman，1989.

[6] JAMAL T B, GETZ D. Collaboration theory and community tourism planning[J]. Annals of Tourism Research，1995，22(1)：186-204.

[7] 焦爱丽. 东北地区区域旅游合作研究[D]. 长春：东北师范大学，2016.

[8] ARAUJO L M, BRAMWELL B. Partnership and regional tourism in Brazil[J]. Annals of Tourism Research，2002，29(4)：1138-1164.

[9] HUYBERS T, BENNETT J. Inter-firm cooperation at nature-based tourism destinations[J]. Journal of Socio-Economics，2003，32(5)：571-587.

[10] JIANG H, YANG Y P, BAI Y Q. Evaluation of all-for-one tourism in mountain areas using multi-source data[J]. Sustainability，2018，10(11)：1-19.

[11] 张松. 城市文化遗产保护国际宪章与国内法规选编[M]. 上海：同济大学出版社，2007.

[12] STEPHAN I. Heritage in the railway corridor in Zona da Mata, Minas Gerais, Brazil：planning a better future for the past[D]. Halifax：Dalhousie University，1997.

[13] CONZEN M P, WULFESTIEG B M. Metropolitan Chicago's regional cultural park：assessing the development of the Illinois & Michigan Canal National Heritage Corridor[J]. Journal of Geography，2001，100(3)：111-117.

[14] BILLINGTON R D, CARTER N, KAYAMBA L. The practical application of sustainable tourism development principles：a case study of creating innovative place-making tourism strategies[J]. Tourism & Hospitality Research，2008，8(1)：37-43.

[15] LAVEN D, VENTRISS C, MANNING R, et al. Evaluating U. S. national

heritage areas: theory, methods, and application[J]. Environmental Management, 2010, 46(2): 195-212.

[16] METCALFE P. Cultural heritage practice through socially sustainable, adaptive re-use of industrial buildings: a western Australian narrative[M]//SMITH D, LOMMERSE M, METCALFE P. Perspectives on social sustainability and interior architecture. Berlin:Springer, 2014.

[17] LI H, JING J, FAN H H, et al. Identifying cultural heritage corridors for preservation through multidimensional network connectivity analysis—a case study of the ancient Tea-Horse Road in Simao, China[J]. Landscape Research, 2021, 46(1): 96-115.

[18] LEMMETYINEN A, NIEMINEN L, AALTO J. A gentler structure to life: co-creation in branding a cultural route[J]. Place Branding and Public Diplomacy, 2021, 17(3): 268-277.

[19] OIKONOMOPOULOU E, DELEGOU E T, SAYAS J, et al. An innovative approach to the protection of cultural heritage: the case of cultural routes in Chios Island, Greece[J]. Journal of Archaeological Science-Reports, 2017, 14: 742-757.

[20] FORMAN R T T. Land mosaics: the ecology of landscapes and regions[M]. Cambridge: Cambridge University Press, 1995.

[21] 史利莎, 严力蛟, 黄璐, 等. 基于景观格局理论和理想风水模式的藏族乡土聚落景观空间解析:以甘肃省迭部县扎尕那村落为例[J]. 生态学报, 2011, 31(21): 6305-6316.

[22] WILLEMEN L, VERBURG P H, HEIN L, et al. Spatial characterization of landscape functions[J]. Landscape and Urban Planning, 2008, 88(1): 34-43.

[23] EETVELDE V V, ANTROP M. Indicators for assessing changing landscape character of cultural landscapes in Flanders (Belgium)[J]. Land Use Policy, 2009, 26(4): 901-910.

[24] ROSA D L, MARTINICO F. Assessment of hazards and risks for landscape protection planning in Sicily[J]. Journal of Environmental Management, 2013, 127: S155-S167.

[25] PLIENINGER T, DIJKS S, OTEROS-ROZAS E, et al. Assessing, mapping, and quantifying cultural ecosystem services at community level[J]. Land Use Policy, 2013, 33: 118-129.

[26] STOICULESCU R C, HUZUI A E, GAVRILIDIS A, et al. What is the spatial

link between the Roman civilisation and cultural landscape in Romania？［J］. Journal of Maps，2014，10（2）：297-307.

［27］厉新建，张凌云，崔莉. 全域旅游：建设世界一流旅游目的地的理念创新：以北京为例［J］. 人文地理，2013，28（3）：130-134.

［28］吕俊芳. 城乡统筹视阈下中国全域旅游发展范式研究［J］. 河南科学，2014，32（1）：139-142.

［29］王志芳，孙鹏. 遗产廊道：一种较新的遗产保护方法［J］. 中国园林，2001（5）：85-88.

［30］俞孔坚，朱强，李迪华. 中国大运河工业遗产廊道构建：设想及原理（上篇）［J］. 建设科技，2007（11）：28-31.

［31］朱强，袁剑华. 遗产廊道评价方法：以大运河工业遗产为例［C］//中国城市规划学会. 城市规划和科学发展：2009中国城市规划年会论文集. 天津：天津电子出版社，2009.

［32］冯君明，李运远，李翅，等. 国土空间规划体系下的明长城遗产廊道规划研究［C］//中国城市规划学会，成都市人民政府. 面向高质量发展的空间治理：2021中国城市规划年会论文集（09城市文化遗产保护）. 北京：中国建筑工业出版社，2021.

［33］钟翀. 遗产廊道的深刻鉴别与再发现：日本线性历史景观研究中的历史地理学先发探查与解析［J］. 风景园林，2021，28（11）：10-14.

［34］阮仪三，丁援. 价值评估、文化线路和大运河保护［J］. 中国名城，2008（1）：38-43.

［35］丁援. 无形文化线路理论研究：以历史文化名城武汉考评为例［D］. 武汉：华中科技大学，2007.

［36］陈怡. 大运河作为文化线路的认识与分析［J］. 东南文化，2010（1）：13-17.

［37］姚雅欣，李小青."文化线路"的多维度内涵［J］. 文物世界，2006（1）：9-11.

［38］肖笃宁，李秀珍，高峻，等. 景观生态学［M］. 北京：科学出版社，2003.

［39］傅伯杰，陈利顶，马克明，等. 景观生态学原理及应用［M］. 北京：科学出版社，2001.

［40］陈文波，肖笃宁，李秀珍. 景观指数分类、应用及构建研究［J］. 应用生态学报，2002（1）：121-125.

［41］王宪礼，肖笃宁，布仁仓，等. 辽河三角洲湿地的景观格局分析［J］. 生态学报，1997（3）：317-323.

［42］赵玉涛，余新晓，关文彬. 景观异质性研究评述［J］. 应用生态学报，2002（4）：495-500.

[43] 张涛,李惠敏,韦东,等.城市化过程中余杭市森林景观空间格局的研究[J].复旦学报(自然科学版),2002(1):83-88.

[44] 施维林,李自珍,王兮之.沙坡头地区人工-自然景观空间格局研究[J].兰州大学学报,2002,38(1):84-89.

[45] 杨冬冬.水文学视野下的京杭大运河景观格局考证与研究[D].天津:天津大学,2012.

[46] 周冬梅,陈存友,王明佳,等.基于最佳尺度的城市生态空间景观格局梯度和方向分异特征:以长沙市为例[J].生态与农村环境学报,2022,38(5):566-577.

[47] 龚苑红,叶宗达,吴静,等.游憩导向下喀斯特景观特征评估及空间格局构建[J].中国园林,2023,39(8):102-107.

[48] 陶伟,戴光全.区域旅游发展的"竞合模式"探索:以苏南三镇为例[J].人文地理,2002,17(4):29-33.

[49] 邵龙.东北城市后工业文化景观资源研究[D].哈尔滨:哈尔滨工业大学,2009.

[50] 李国友,刘大平."绿色建筑"理念的人文拓展:兼谈中东铁路沿线历史建筑的文化生态学特质[J].哈尔滨工业大学学报(社会科学版),2010,12(2):14-19.

[51] 李沛伦,赵志庆,欧振宇,等.中东铁路线性文化遗产保护与传承路径研究[J].北京规划建设,2023(3):51-59.

[52] 刘伯英,冯钟平.城市工业用地更新与工业遗产保护[M].北京:中国建筑工业出版社,2009.

[53] 张正国.区域旅游合作的系统学分析及应用研究[D].上海:同济大学,2006.

[54] 傅伯杰,陈利顶,马克明,等.景观生态学原理及应用[M].2版.北京:科学出版社,2011.

[55] BRANDENBURGER A M, NALEBUFF B J. Co-Opetition[M]. New York: Harper Collins, 1996.

[56] 王云才.基于景观破碎度分析的传统地域文化景观保护模式:以浙江诸暨市直埠镇为例[J].地理研究,2011,30(1):10-22.

[57] HUZUI A E, CĂLIN I, PĂTRU-STUPARIU I. Spatial pattern analyses of landscape using multi-temporal data sources[J]. Procedia Environmental Sciences, 2012, 14: 98-110.

[58] 郑新奇,付梅臣.景观格局空间分析技术及其应用[M].北京:科学出版社,2010.

[59] 傅伯杰,郭旭东,陈利顶,等.土地利用变化与土壤养分的变化:以河北省遵化县为例[J].生态学报,2001(6):926-931.

[60] 徐晓敏.层次分析法的运用[J].统计与决策,2008(1):156-158.

[61] 段海滨.蚁群算法原理及其应用[M].北京:科学出版社,2005.

[62] 俞孔坚,李伟,李迪华,等.快速城市化地区遗产廊道适宜性分析方法探讨:以台州市为例[J].地理研究,2005(1):69-76,162.

[63] 徐凌云,王云才.基于遗产廊道网络构建的景观风貌保护规划探索[J].中国城市林业,2016,14(3):17-21.

[64] 姜振寰,郑世先,陈朴.中东铁路的缘起与沿革[J].哈尔滨工业大学学报(社会科学版),2011,13(1):1-15.

[65] 李济棠.中俄密约和中东铁路的修筑[M].哈尔滨:黑龙江人民出版社,1989.

[66] 郑长椿.中东铁路历史编年(1895—1952)[M].哈尔滨:黑龙江人民出版社,1987.

[67] 范立君.近代关内移民与中国东北社会变迁(1860—1931)[M].北京:人民出版社,2007.

[68] 于春英.铁路交通与近代牡丹江区域的城市化研究(19世纪末—1931年)[D].长春:东北师范大学,2004.

[69] KNIGHT J, HARRISON S. 'A land history of men': The intersection of geomorphology, culture and heritage in Cornwall, southwest England[J]. Applied Geography, 2013, 42: 186-194.

[70] 李国友.文化线路视野下的中东铁路建筑文化解读[D].哈尔滨:哈尔滨工业大学,2013.

[71] 查日新.空间转向、文化协商与身份重构:霍米·巴巴后殖民文化批评思想述评[J].国外理论动态,2011(3):74-80.

[72] 杨旸,霍燎原.中国东北史(第五卷)[M].修订版.长春:吉林文史出版社,2006.

[73] 朱炳祥.社会人类学[M].2版.武汉:武汉大学出版社,2009.

[74] 佟玉权.中东铁路工业遗产的分布现状及其完整性保护[J].城市发展研究,2013(4):41-46.

[75] 苗阳.我国传统城市文脉构成要素的价值评判及传承方法框架的建立[J].城市规划学刊,2005(4):40-44,27.

[76] 邵龙,唐岳兴,季宪."东北振兴"视域下的中东铁路遗产廊道景观格局构建策略研究[J].城市建筑,2016(31):46-49.

[77] 邵龙,赵晓龙,姜丽.后工业文化景观资源的文化生态系统整合研究[J].

华中建筑,2010,28(3):129-132.

[78] 波特. 国家竞争优势(上)[M]. 李明轩,邱如美,译. 北京:中信出版社,2012.

[79] 吕龙,黄震方. 遗产廊道旅游价值评价体系构建及其应用研究:以古运河江苏段为例[J]. 中国人口·资源与环境,2007(6):95-100.

[80] 吴殿廷,葛全胜,徐继填,等. 西部旅游开发战略模式的探讨[J]. 旅游学刊,2003(1):9-13.

[81] 线实,陈振光. 城市竞争力与区域城市竞合:一个理论的分析框架[J]. 经济地理,2014,34(3):1-5.

[82] 汪芳. 区域旅游发展中的地方政府竞合关系研究[D]. 苏州:苏州大学,2011.

[83] 王建荣. 区域旅游竞合模式及机制研究[D]. 沈阳:辽宁大学,2008.

[84] 陈萍. 基于点轴理论的山东半岛区域旅游空间结构研究[D]. 重庆:西南大学,2008.

[85] 越泽明. 中国东北都市计画史[M]. 黄世孟,译. 台湾:大佳出版社,1986.

[86] 王燕,阎顺,赵彩龙. 新疆旅游资源的类型、等级及空间分布特征[J]. 干旱区地理,2009,32(5):783-790.

[87] 罗菁. 滇越铁路工业遗产廊道的构建[D]. 昆明:云南大学,2012.

[88] 袁尧清. 湘西地质旅游资源群旅游发展的空间效应及整合开发模式研究[D]. 长沙:中南大学,2010.

[89] 张巧莲. 青藏铁路沿线旅游区旅游空间结构优化研究[D]. 西安:陕西师范大学,2008.

[90] 佟玉权,韩福文. 工业遗产的旅游价值评估[J]. 商业研究,2010(1):160-163.

[91] 韩福文,佟玉权,张丽. 东北地区工业遗产旅游价值评价:以大连市近现代工业遗产为例[J]. 城市发展研究,2010,17(5):114-119.

[92] GAMBARDELLA L M, DORIGO M. Ant-Q: a reinforcement learning approach to the traveling salesman problem [M]// PRIEDITIS A, RUSSELL S. Proceedings of the 12th international conference on machine learning. Morgan Kaufmann:IEEE Press,1995.

[93] 陈浩,陆林,章锦河,等. 珠江三角洲城市群旅游空间结构与优化分析[J]. 地理科学,2008,28(1):113-118.

[94] 陈修颖. 区域空间结构重组:理论基础、动力机制及其实现[J]. 经济地理,2003(4):445-450.

[95] 张杰. 论中国历史城市遗产网络的保护[J]. 上海城市规划, 2015(5): 23-29, 42.

[96] 席岳婷, 赵荣. 场所精神下文化遗产保护与游憩体系耦合研究[J]. 西北大学学报(自然科学版), 2013, 43(2): 314-318.

[97] 曹新. 遗产体系与游憩度假体系之辩[J]. 中国园林, 2011, 27(4): 10-14.

[98] 张毅杉, 夏健. 融入城市公共游憩空间系统的城市工业遗产的保护与再利用[J]. 工业建筑, 2008(4): 27-30, 49.

[99] 刘海龙, 杨锐. 对构建中国自然文化遗产地整合保护网络的思考[J]. 中国园林, 2009, 25(1): 24-28.

[100] 吴洵. 平遥历史文化遗产网络体系研究[D]. 南京: 东南大学, 2015.

[101] 汤雪璇, 董卫. 城市历史文化空间网络的建构: 以宁波老城为例[J]. 规划师, 2009, 25(1): 85-91.

[102] 刘伯英, 李匡. 北京工业遗产评价办法初探[J]. 建筑学报, 2008(12): 10-13.

[103] 张松, 李宇欣. 工业遗产地区整体保护的规划策略探讨: 以上海市杨树浦地区为例[J]. 建筑学报, 2012(1): 18-23.

[104] 王肖宇. 基于层次分析法的京沈清文化遗产廊道构建[D]. 西安: 西安建筑科技大学, 2009.

[105] 阮仪三, 王建波. 京杭大运河的申遗现状、价值和保护[J]. 中国名城, 2009(9): 8-15.

[106] 张凡. 城市发展中的历史文化保护对策[M]. 南京: 东南大学出版社, 2006.

[107] 徐璐思. 铁路影响下的近代哈尔滨城市建设(1898—1931)[D]. 北京: 北京交通大学, 2012.

[108] 吴必虎. 区域旅游规划原理[M]. 北京: 中国旅游出版社, 2001.

[109] 王宁, 杜豫川. 社区居民适宜步行距离阈值研究[J]. 交通运输研究, 2015, 1(2): 20-24, 30.

[110] 俞孔坚, 王思思, 李迪华. 区域生态安全格局: 北京案例[M]. 北京: 中国建筑工业出版社, 2011.

[111] 赵天宇, 程文. 历史文化街区复兴规划设计中的新元素: 哈尔滨中东铁路花园住宅街区复兴规划[J]. 华中建筑, 2006(11): 40-43.